राजीव

राजीव सिंह का जन्म 01 नवम्बर, [illegible] बनारस, उत्तर प्रदेश में हुआ। बनारसी गँवईपन के बीच उनका बचपन बीता। शहर के मंदिरों, गंगा, घाटों को निहारते, पक्का महाल की गलियों में घूमते और बनारस के ताने-बाने को समझते हुए बड़े हुए। भारतीय संस्कृति, साहित्य, संगीत, कला, हिंदू धर्म और उसके पोंगापंथ की समझ भी वहीं विकसित हुई। कबीर और तुलसी के राम के अंतर को वहीं समझा। गंगा-जमुनी संस्कृति को देखा। वामपंथी, दक्षिणपंथी और समाजवादी विचारधारा की समझ भी बनारस में ही बनी।

उन्होंने बी.एच.यू. से हिंदी में पी-एच.डी. की। शुरू में अख़बारों में शौकिया लेखन किया लेकिन आगे चलकर पत्रकारिता उनका पेशा बना। बनारस में रहते हुए वहाँ के चार अख़बारों से क़रीब बीस साल तक जुड़े रहे। 'दैनिक आज' के वरिष्ठ पत्रकार चंद्रकुमार की याद में बनारस में 'चंद्रकुमार मीडिया फ़ाउंडेशन' की स्थापना की जिसके तहत ग्रामीण पत्रकारों के लिए सालाना जलसे का लम्बे समय तक आयोजन किया।

बाद में दिल्ली रहने लगे। दिल्ली ने पेशा बदल दिया। लगभग 15 वर्षों तक जनसंचार संस्थानों में प्राध्यापन किया। फिलहाल दिल्ली ही ठिकाना है।

तीन पुस्तकें प्रकाशित हैं—'प्रगतिशील आलोचना की परम्परा', 'डॉ. रामविलास शर्मा' और 'कविता में बनारस'।

ईमेल : rajeevpratapvns@gmail.com

चयन और संपादन

राजीव सिंह

राजकमल पेपरबैक्स

राजकमल पेपरबैक्स में
पहला संस्करण : 2022
तीसरा संस्करण : 2025

राजकमल पेपरबैक्स : उत्कृष्ट साहित्य के जनसुलभ संस्करण

राजकमल प्रकाशन प्रा.लि.
1-बी, नेताजी सुभाष मार्ग, दरियागंज
नई दिल्ली-110 002
द्वारा प्रकाशित

शाखाएँ : अशोक राजपथ, साइंस कॉलेज के सामने, पटना-800 006
पहली मंजिल, दरबारी बिल्डिंग, महात्मा गांधी मार्ग, प्रयागराज-211 001
1, अनमोल सोराबजी संतुक लेन, धोबी तलाव, मरीन लाइंस, मुम्बई-400 002
वेबसाइट : www.rajkamalprakashan.com
ई-मेल : info@rajkamalprakashan.com

बी.के. ऑफसेट
नवीन शाहदरा, दिल्ली-110 032
द्वारा मुद्रित

मूल्य : ₹299

KAVITA MEIN BANARAS
Anthology by Rajeev Singh

ISBN : 978-93-92757-46-4

अम्मा-पिताजी और बनारस को

क्रम

उर्दू कवि

अपनी बात

बनारस प्राचीन काल से दुनिया भर में आकर्षण का केंद्र रहा है। धार्मिक ग्रंथों, संस्कृत साहित्य और जातक कथाओं में काशी का उल्लेख मिलता है। पिछले चालीस बरस के बीच छोटी-बड़ी पत्र-पत्रिकाओं का 'काशी अंक' या 'बनारस विशेषांक' देखने-पढ़ने को मिलता रहा है। इन विशेषांकों में बनारस से जुड़ी कविता, कहानी, उपन्यास, संस्मरण, डायरी, नाटक, कहावतें आदि पढ़ने को मिलीं। पत्र-पत्रिकाओं के जरिये काशी की कला-संस्कृति, इतिहास, परंपराएँ आदि पर विद्वानों के लेख और विचारों को जानने और बनारस को गहराई से समझने का अवसर मिला। इन्हीं विशेषांकों में बनारस पर लिखी हिंदी और दूसरी भाषाओं से अनूदित कविताएँ भी पढ़ने को मिलीं।

कविताएँ पढ़ते हुए विचार आया कि क्यों न बनारस पर लिखी कविताओं का संकलन कर डाला जाए। मैंने कविता संकलन का एक प्रयास 1996 में किया था। थोड़ा काम हुआ भी। लेकिन इस बीच मैं बनारस से दिल्ली चला आया। शायद सब सामग्री रद्दी में बिक गई? बात आई-गई हो गई। दिल्ली में 2014 में एक दिन बनारस पर नज़ीर बनारसी की कविताएँ उलट रहा था। उनकी एक कविता—'मौजे गंगा की तरह झूम उठी बज्म नजीर / जिंदगी आई बनारस का जहाँ नाम आया' पर नजर रुक गई। इन पंक्तियों ने मेरे भीतर बसे बनारस को छू लिया। एक बार फिर संकलन तैयार करने की धुन सवार हुई और तमाम बाधाओं के बाद संकलन पूरा हो पाया।

इस संकलन की कविताएँ बनारस को बनारस के कई नामों से परिचित कराती हैं। यह अपने आप में दिलचस्प है। यद्यपि लोक में आज इसका तीन नाम प्रचलित हैं—काशी, वाराणसी और बनारस। 'बनारस' में एक रस है जो दूसरे दोनों नामों में नहीं है। जो भी हो, देश की आम जनता के बीच शहर के लिए सबसे लोकप्रिय संबोधन

'बनारस' रहा है, आज भी है। विदेशी सैलानी भी शहर को 'बेनारस' (बनारस) ही कहते हैं। कबीर ने 'कासी' का प्रयोग किया है तो रैदास ने बनारस का। हिंदी-उर्दू के अधिकांश कवियों ने काशी को 'बनारस' के नाम से ही पुकारा है। दोनों भाषाओं के जिन कवियों ने कविता के केंद्र में हिंदू मिथकों को रखा है, उन्होंने 'काशी' का प्रयोग किया है। 'वाराणसी' का प्रयोग कविताओं में बहुत कम हुआ है। वाराणसी नाम केवल सरकारी कागजों में दर्ज होकर रह गया है और आज भी उसी पर दौड़ रहा है।

अद्भुत शहर है बनारस। इस शहर जैसी लय किसी दूसरे शहर में नहीं मिलती। गँवईपन और सादगी से लबरेज़ है यह शहर। बनारस की आबो-हवा में घुला फक्कड़पन देशी-विदेशी सैलानियों को यहाँ बरबस खींच लाता है। अमेरिकी कवि गीन्सबर्ग को भी बनारस खींच लाया था। गंगा के किनारे महीने-कुछ महीने रहकर उन्होंने बनारस को देखा था। दिल्ली से कलकत्ता (कोलकाता) की यात्रा के बीच ग़ालिब भी कुछ महीने बनारस रुके थे। सुबहे बनारस पर फ़िदा ग़ालिब ने बनारस को हिंदुस्तान का क़ाबा बताया है। बाहर से बनारस आने वाले या बनारस में बस गए कवि, शायर, पेंटर, छायाकारों और फ़िल्म निर्माताओं ने बनारस से बहुत कुछ लिया है। और बनारस को अपने रंग-ढंग में ढालकर देश-दुनिया तक पहुँचाया है। मणिकर्णिका पर जलती चिता, शव यात्रा, गंगा के घाट की छटा और सँकरी गलियों, शहर की मंद चाल आदि को बिंबों में जानने-पहचानने का अपना आनंद है। सँकरी गलियों में इसकी बसावट अद्भुत है—एक गली में / कई गलियाँ / उसमें भी / अनेक गलियाँ—रामकृष्ण पांडेय। बनारस की हर गली का अलग रंग है, अलग गंध है, अलग भाषा है, अलग मिज़ाज भी। कुछ गलियाँ ऐसी भी हैं—'सड़कों पे दिखाओगे अगर रईसी / लुट जाओगे सरकार, बनारस की गली में'—नज़ीर बनारसी। बसावट के साथ इसकी बनावट देखें—आधा जल में है / आधा मंत्र में / आधा फूल में / आधा शव में—केदारनाथ सिंह।

संकलन में लगभग छह सौ बरस के बीच बनारस पर लिखी गई इन कविताओं से गुजरना बनारस के इतिहास और संस्कृति के गलियारों में विस्मय के साथ घूमने-भटकने जैसा रहा। कबीर से लेकर आज की युवा पीढ़ी की कविताओं के साथ गंगा की लहरों पर बहने जैसा। इसमें 20वीं-21वीं शताब्दी की कविताएँ ज्यादा

हैं। ये कविताएँ महज़ कविताएँ नहीं हैं, बल्कि छह सौ बरसों के सामाजिक, सांस्कृतिक, राजनीतिक, वैचारिक और भाषागत बदलावों का मुकम्मल दस्तावेज़ हैं। संकलन में हिंदी और उर्दू के कवियों/ शायरों की कविताओं के अलावा बांग्ला और एक विदेशी कवि की कुछ कविताएँ भी हैं। विभिन्न भाषाओं के इन कवियों ने बनारस का अलग-अलग रूप उकेरा है। ग़ालिब की नजर में बनारस हिंदुस्तान का क़ाबा है तो भारतेंदु हरिश्चंद्र की नजरों में—आधी कासी भाट-भँड़रिया है। नज़ीर बनारसी, त्रिलोचन, विष्णुचंद्र शर्मा, ज्ञानेंद्रपति, निलय उपाध्याय आदि ने गंगा में फैलते प्रदूषण पर चिंता जताई है। विचलित कवि का गंगा से एक सवाल अनेक सवाल खड़ा कर देता है—नदी/ तू इतनी दुबली क्यों है/ और मैली-कुचैली––ज्ञानेंद्रपति। गँदलाती गंगा, बनारस की बदलती संस्कृति, और विकास के नाम पर बदले गए शहर के भूगोल, जैसे मुद्दों को कवियों ने शिद्दत के साथ रचना के केंद्र में रखा है। यह बदलती हुई सामाजिक चेतना की दरकार और समय की माँग भी है।

संकलन में कबीर, रैदास, तुलसी, भारतेंदु, जयशंकर प्रसाद से लेकर आधुनिक काल के कवि शामिल हैं। कुछ कवियों ने तो बनारस पर बहुत कविताएँ लिखी हैं। सबसे अधिक ज्ञानेंद्रपति ने। श्रीकांत वर्मा ने बनारस आते-जाते शहर को करीब से देखा है। त्रिलोचन और श्रीकांत वर्मा ने 'काशी' से जुड़े मिथक को केंद्र में रखकर कविताएँ लिखी हैं। सबकी चुनिंदा कविताएँ शामिल की गई हैं।

उर्दू के मशहूर शायर ग़ालिब, वली दकनी, नवाब वाज़िद अली शाह, शेख़ अली हज, अकबर इलाहाबादी, हातिम अली मेहर, वामिक जौनपुरी, नज़ीर बनारसी आदि की कविता बनारस की मुकम्मल तस्वीर खींचती है। हिंदी ही नहीं, अन्य भाषाओं के कवि भी बनारस और बनारसियों के मुरीद हैं। ग़ालिब के दोस्त और लगभग समकालीन मिर्ज़ा हातिम अली मेहर लिखते हैं—'हमें जन्नत में भी याद आएँगे गूलरु बनारस के'। नज़ीर बनारसी ने अपनी रचनाओं में बनारस को खासी जगह दी है। स्पेनिश कवि होर्हे लुईस बोर्खेस, बांग्ला कवि शंख घोष, जयनारायन घोषाल की कविताओं का हिंदी अनुवाद भी शामिल है।

संग्रह का उद्देश्य बनारस पर लिखी तमाम कविताओं को एक जगह एकत्रित कर कविता प्रेमियों और हिंदी पाठकों के हाथों में देना है। पाठकों की कसौटी पर संकलन कितना खरा उतरता है यह

पाठक तय करेंगे। पूरी संभावना है कि तमाम खोजबीन और प्रयासों के बाद भी संकलन में शामिल होने से कुछ महत्त्वपूर्ण रचनाएँ छूट गई हों। इस संकलन की कविताएँ विभिन्न स्रोतों से ली गई हैं जिनमें कवियों के निजी संकलन भी शामिल हैं। सबका शुक्रिया।

सामग्री संकलन में सहयोग के लिए सुरेश सलिल, श्याम सिंह सुशील और कामेश्वर सिंह का आभार। सहयात्री संध्या के सहयोग के लिए आभार नहीं कहूँगा।

—राजीव सिंह

निराला-निवेश
रथयात्रा, वाराणसी

कविता में बनारस

हिंदी कवि

कबीर

[1398-1518]

काशी-महिमा के विषय में शिवजी से प्रश्न

शिवकाशी कैसी भई तुम्हारि, अजहूँ हो शिव लेहु विचारि॥ 1॥
चोवा[1] चंदन अगर[2] पान, घर घर सुमृति[3] होत पुरान॥ 2॥
बहु विधि भवने लागू भोग, ऐसो नग्र[4] कोलाहल करत लोग॥ 3॥
बहु विधि परजा[5] लोग तोर, तेहि कारण चित ढीठ[6] मोर॥ 4॥
हमरे बलक़वा के इहै ज्ञान, तोहरा को समुझावै आन॥ 5॥
जो जेहि मन से रहल आय, जिव का मरण कहु कहाँ समाय॥ 6॥
ताकर जो कछु होय अकाज[7], ताहि दोष नहिं साहेब लाज॥ 7॥
हर[8] हर्षित सो कहल भेव[9], जहाँ हम तहाँ दुसरा न केव[10]॥ 8॥
दिना चारि मन धरहू धीर, जस देखैं तस कहहिं कबीर॥ 9॥

1. चोआ, कई गंध द्रव्यों को मिलाकर बनाया जाने वाला एक सुगंधित द्रव्य; 2. सुगंधित लकड़ी, धूप, अगरबत्ती; 3. स्मृति; 4. नगर, काशी शहर; 5. शिष्य, शाखा; 6. धृष्ट, बेअदब, संकोचरहित; 7. अकल्याण' 8. शिव, ज्ञानी; 9. भेद, रहस्य; 10. कोई।

रैदास

[1441-1520]

माधौ भ्रम कैसैं न बिलाइ

माधौ भ्रम कैसैं न बिलाइ।
ताथैं द्वती भाव दरसाइ॥ टेक॥
कनक कुंडल सूत्र पट जुदा, रजु भुजंग भ्रम जैसा।
जल तरंग पांहन प्रितमां ज्यूँ ब्रह्म जीव द्वती ऐसा॥ 1॥
बिमल ऐक रस, उपजै न बिनसै, उदै अस्त दोई नांहीं।
बिगता बिगति गता गति नांहीं, बसत बसै सब मांहीं॥ 2॥
निहचल निराकार अजीत अनूपम, निरभै गति गोब्यंदा।
अगम अगोचर अखिर अतरक, त्रिगुण नित आनंदा॥ 3॥
सदा अतीत ग्यांन ध्यानं बिरिजित, नीरबिकांर अबिनासी।
कहै रैदास सहज सूंनि सति, जीवन मुकति निधि कासी॥ 4॥

हरि जपत तेऊ जना पदम कवलास

हरि जपत तेऊ जना पदम कवलास पति तास समतुलि नहीं आन कोऊ।
एक ही एक अनेक होइ बिसथरिओ आन रे आन भरपूरि सोऊ॥ टेक॥
जा कै भागवतु लेखी ऐ अवरु नहीं पेखीऐ तास की जाति आछोप छीपा।
बिआस महि लेखी ऐ सनक महि पेखी ऐ नाम की नामना सपत दीपा॥ 1॥
जा कै ईदि कबरीदि कुल गऊ रे वधु करहि मानी अहि सेख सहीद पीरा।
जा कै बाप वैसी करी पूत ऐसी सरी तिहू रे लोक परसिध कबीरा॥ 2॥
जा के कुटंब के ढेढ सभ ढोर ढोवंत फिरहि अजहु बनारसी आस पासा।
आचार सहित विप्र करहि डंडउति तिन तनै रविदास दासानुदासा॥ 3॥

तुलसीदास

[1532-1623]

काशी-महिमा

सोरठा

मुक्ति जन्म महि जानि ग्यान खानि अघ हानि कर।
जहँ बस संभु भवानि सो कासी सेइअ कस न॥

दोहा

बासर ढासनि के ढका रजनीं चहुँ दिसि चोर।
संकर निज पुर राखिऐ चितै सुलोचन कोर॥

अपनी बीसीं आपुहीं पुरिहिं लगाए हाथ।
केहि बिधि बिनती बिस्व की करौं बिस्व के नाथ॥

काशी-स्तुति

सेइअ सहित सनेह देह भरि, कामधेनु कलि कासी।
समनि सोक-संताप-पाप-रुज, सकल सुमंगल-रासी॥ 1॥
मरजादा चहुँओर चरनबर, सेवत सुरपुर-बासी।
तीरथ सब सुभ अंग रोम सिवलिंग अमित अबिनासी॥ 2॥
अंतरऐन ऐन भल, थल फल, बच्छ बेद-बिस्वासी।
गलकंबल बरुना बिभाति जनु, लूम लसति, सरिताऽसी॥ 3॥
दंडपानि भैरव बिषान, मलरुचि-खलगन-भयदा-सी।
लोलदिनेस त्रिलोचन लोचन, करनघंट घंटा-सी॥ 4॥
मनिकर्निका बदन-ससि सुंदर, सुरसरि-सुख सुखमा-सी।
स्वारथ परमारथ परिपूरन, पंचकोसि महिमा-सी॥ 5॥

बिस्वनाथ पालक कृपालुचित, लालति नित गिरिजा-सी।
सिद्धि, सची, सारद पूजहिं मन जोगवति रहति रमा-सी॥ 6॥
पंचाच्छरी प्रान, मुद माधव, गब्य सुपंचनदा-सी।
ब्रह्म-जीव-सम रामनाम जुग, आखर बिस्व बिकासी॥ 7॥
चारितु चरति करम कुकरम करि, मरत जीवगन घासी।
लहत परमपद पय पावन, जेहि चहल प्रपंच-उदासी॥ 8॥
कहत पुरान रची केसव निज कर-करतूति कला-सी।
तुलसी बसि हरपुरी राम जपु, जो भयो चहै सुपासी॥ 9॥

काशी में महामारी

गौरीनाथ, भोरानाथ, भवत भवानीनाथ!
बिस्वनाथपुर फिरी आन कलिकालकी।
संकर-से नर, गिरिजा-सी नारीं कासीबासी,
बेद कही, सही ससिसेखर कृपालकी॥
छमुख-गनेस तें महेसके पियारे लोग
बिकल बिलोकियत, नगरी बिहालकी।
पुरी-सुरबेलि केलि काटत किरात कलि
निठुर निहारिये उघारि डीठि भालकी॥

ठाकुर महेस, ठकुराइनि उमा-सी जहाँ,
लोक-बेदहूँ बिदित महिमा ठहरकी।
भट रुद्रगन, पूत गनपति-सेनापति,
कलिकालकी कुचाल काहू तौ न हरकी॥
बीसीं बिस्वनाथकी बिषाद बड़ो बारानसीं,
बूझिए न ऐसी गति संकर-सहरकी।
कैसे कहै तुलसी बृषासुरके बरदानि
बानि जानि सुधा तजि पीवनि जहरकी॥

लोक-बेदहूँ बिदित बारानसीकी बड़ाई
बासी नर नारि ईस-अंबिका-सरूप हैं।

कालनाथ कोतवाल, दंडकारि दंडपानि,
सभासद गनप-से अमित अनूप हैं॥
तहाँऊँ कुचालि कलिकालकी कुरीति, कैधौं
जानत न मूढ़ इहाँ भूतनाथ भूप हैं।
फलैं फूलैं फैलैं खल, सीदैं साधु पल-पल
खाती दीपमालिका, ठठाइयत सूप हैं॥

पंचकोस पुन्यकोस स्वारथ-परमारथको
जानि आपु आपने सुपास बास दियो है।
नीच नर-नारि न सँभारि सके आदर,
लहत फल कादर बिचारि जो न कियो है॥
बारी बारानसी बिनु कहे चक्रपानि चक्र,
मानि हितहानि सो मुरारि मन भियो है।
रोसमें भरोसो एक आसुतोस कहि जात
बिकल बिलोकि लोक कालकूट पियो है॥

रचत बिरंचि, हरि पालत, हरत हर
तेरे हीं प्रसाद अग-जग-पालिके।
तोहिमें बिकास बिस्व तोहिमें बिलास सब,
तोहिमें समात, मातु भूमिधरबालिके॥
दीजै अवलंब जगदंब! न बिलंब कीजै,
करुनातरंगिनी कृपा-तरंग-मालिके।
रोष महामारी, परितोष महतारी दुनी
देखिये दुखारी, मुनि-मानस-मरालिके॥

निपट बसेरे अघ औगुन घनेरे, नर-
नारिऊ अनेरे जगदंब! चेरी-चेरे हैं।
दारिद-दुखारी देबि भूसुर भिखारी-भीरु
लोभ मोह काम कोह कलिमल घेरे हैं॥
लोकरीति राखी राम, साखी बामदेव जानि
जनकी बिनति मानि मातु! कहि मेरे हैं।
महामारी महेसानि! महिमाकी खानि, मोद-
मंगलकी रासि, दास कासीबासी तेरे हैं॥

संकर-सहर सर, नरनारि बारिचर
बिकल, सकल, महामारी माजा भई है।
उछरत उतरात हहरात मरि जात,
भभरि भगात जल-थल मीचुमई है॥
देव न दयाल, महिपाल न कृपालचित,
बारानसीं बाढ़ति अनीति नित नई है।
पाहि रघुराज! पाहि कपिराज रामदूत!
रामहूकी बिगरी तुहीं सुधारि लई है॥

मारग मारि, महीसुर मारि, कुमारग कोटिककै धन लीयो।
संकरकोपसों पापको दाम परिच्छित जाहिगो जारि कै हीयो॥
कासी में कंटक जेते भये ते गे पाइ अघाइ कै आपनो कीयो।
आजु कि कालि परों कि नरों जड़ जाहिंगे चाटि दिवारीको दीयो॥

कुंकुम-रंग सुअंग जितो, मुखचंदसों चंदसों होड़ परी है।
बोलत बोल समृद्धि चुवै, अवलोकत सोच-बिषाद हरी है॥
गौरी कि गंग बिहंगिनिबेष, कि मंजुल मूरति मोद भरी है।
पेखि सप्रेम पयान समै सब सोच-बिमोचन छेम करी है॥

मंगलकी रासि, परमारथकी खानि जानि
बिरचि बनाई बिधि, केसव बसाई है।
प्रलयहूँ काल राखी सूलपानि सूलपर,
मीचुबस नीच सोऊ चाहत खसाई है॥
छाडि छितिपाल जो परीक्षित भए कृपाल,
भलो कियो खलको, निकाई सो नसाई है।
पाहि हनुमान! करुनानिधान राम पाहि!
कासी-कामधेनु कलि कुहत कसाई है॥

बिरची बिरंचिकी, बसति बिस्वनाथकी जो,
प्रानहू तें प्यारी पुरी केसव कृपालकी।
जोतिरूप लिंगमयी अगनित लिंगमयी
मोच्छ बितरनि, बिदरनि जगजालकी॥

देबी - देव - देवसरि - सिद्ध - मुनिबर - बास
लोपति-बिलोकत कुलिपि भोंडे भालकी।
हा हा करै तुलसी, दयानिधान राम! ऐसी
कासीकी कदर्थना कराल कलिकालकी॥

आश्रम-बरन कलि बिबस बिकल भए
निज-निज मरजाद मोटरी-सी डार दी।
संकर सरोष महामारिहीतें जानियत,
साहिब सरोष दुनी-दिन-दिन दारदी॥
नारि-नर आरत पुकारत, सुनै न कोऊ,
काहूँ देवतनि मिलि मोटी मूठि मारि दी।
तुलसी सभीतपाल सुमिरें कृपालराम
समय सुकरुना सराहि सनकार दी॥

भारतेंदु हरिश्चंद्र

[1850-1885]

गंगा वर्णन

नव उज्जल जलधार हार हीरक सी सोहति।
बिच बिच छहरति बूँद मध्य मुक्ता मनि पोहति।
लोल लहर लहि पवन एक पै इक इमि आवत।
जिमि नर-गन मन विविध मनोरथ करत मिटावत।
सुभग स्वर्ग सोपान सरिस सब के मन भावत।
दरसन मज्जन पान त्रिविध भय दूर मिटावत।
श्रीहरि-पद-नख-चंद्रकांत-मनि-द्रवित सुधारस।
ब्रह्म कमंडल मंडन भव खंडन सुर सरबस।
शिव-सिर-मालति-माल भगीरथ नृपति-पुण्य-फल।
ऐरावत-गज-गिरिपति-हिम-नग-कंठहार कल।
सगर-सुवन सठ सहस परस जलमात्र उधारन।
अगनित धारा रूप धारि सागर संचारन।
कासी कहँ प्रिय जानि ललकि भेंट्यो जग धाई।
सपने हूँ नहिं तजी रही अंकम लपटाई।
कहुँ बँधे नव घाट उच्च गिरिवर सम सोहत।
कहुँ छतरी कहुँ मढ़ी बढ़ी मन मोहन जोहत।
धवल धाम चहुँ ओर फरहरत ध्वजा पताका।
घहरत घंटा धुनि धमकत धौंसा करि साका।
मधुरी नौबत बजत कहूँ नारी नर गावत।
वेद पढ़त कहुँ द्विज कहुँ जोगी ध्यान लगावत।
कहुँ सुंदरि नहात नीर कर जुगल उछारत।
जुग अंबुज मिलि मुक्त गुच्छ मनु सुच्छ निकारत।
धोवत सुंदरी बदन करन आछी छवि पावत।
वारिधि नाते ससि-कलंक मनु कमल मिटावत।
सुंदरि ससि मुख नीर मध्य इमि सुंदर सोहत।
कमल वेलि लहलही नवल कुसुमन मन मोहत।

दीठि जहीं जहँ जात रहत तितहीं ठहराई।
गंगा-छवि 'हरिचंद' कछू बरनी नहिं जाई॥

देखी तुमरी कासी

देखी तुमरी कासी, लोगों, देखी तुमरी कासी।
जहाँ विराजैं विश्वनाथ विश्वेश्वरजी अविनासी॥
आधी कासी भाट भंडेरिया बाम्हन औ संन्यासी।
आधी कासी रंडी मुंडी राँड खानगी खासी॥
लोग निकम्मे भंगी गंजड़, लुच्चे बे-बिसवासी।
महा आलसी झूठे शुहदे बे-फिकरे बदमासी॥
आप काम कुछ कभी करैं नहिं कोरे रहैं उपासी।
और करे तो हँसैं बनावैं उसको सत्यानासी॥
अमीर सब झूठे और निंदक करें घात विश्वासी।
सिपारसी डरपुकने सिट्टू बोलैं बात अकासी॥
मैली गली भरी कतरावन सड़ी चमारिन पासी।
नीचे नल से बदबू उबलै मनो नरक चौरासी॥
कुत्ते भूँकत काटन दौड़ैं सड़क साँड़ सों नासी।
दौड़ैं बंदर बने मुछंदर कूदैं चढ़े अगासी॥
घाट जाओ ते गंगापुत्तर नोचैं दै गल फाँसी।
करैं घाटिया बस्तर-मोचन दे देके सब झाँसी॥
रात चलत भिखमंगे नोचैं बात करैं दाता सी।
मंदिर बीच भँडेरिया नोचैं करैं धरम की गाँसी॥
सौदा लेत दलालो नोचैं देकर लासालासी।
माल लिये पर दुकानदार नोचैं कपड़ा दे रासी॥
चोरी भए पर पुलिस नोचैं हाथ गले बिच ढाँसी।
गए कचहरी अमला नोचैं मेचि बनावैं घासी॥
फिरैं उचक्का दे दे धक्का लूटैं माल मवासी।
कैद भए की लाज तनिक नहिं बे-सरमी नंगा सी॥
देखी तुमरी कासी भैया, देखी तुमरी कासी।

जयशंकर प्रसाद

[1889-1937]

अरी वरुणा की शांत कछार

अरी वरुणा की शांत कछार!
तपस्वी के वीराग की प्यार!
सतत व्याकुलता के विश्राम, अरे ऋषियों के कानन कुंज!
जगत नश्वरता के लघु त्राण, लता, पादप, सुमनों के पुंज!
तुम्हारी कुटियों में चुपचाप, चल रहा था उज्ज्वल व्यापार,
स्वर्ग की वसुधा से शुचि संधि, गूँजता था जिससे संसार,
अरी वरुणा की शांत कछार!
तपस्वी के वीराग की प्यार!
तुम्हारे कुंजों में तल्लीन, दर्शनों के होते थे वाद,
देवताओं के प्रादुर्भाव, स्वर्ग के सपनों के संवाद,
स्निग्ध तरु की छाया में बैठ, परिषदें करती थीं सुविचार—
भाग कितना लेगा मस्तिष्क, हृदय का कितना है अधिकार?
अरी वरुणा की शांत कछार!
तपस्वी के वीराग की प्यार!
छोड़कर पार्थिव भोग विभूति, प्रेयसी का दुर्लभ वह प्यार,
पिता का वक्ष भरा वात्सल्य, पुत्र का शैशव सुलभ दुलार,
दु:ख का करके सत्य निदान, प्राणियों का करने उद्धार,
सुनाने आरण्यक संवाद, तथागत आया तेरे द्वार
अरी वरुणा की शांत कछार!
तपस्वी के वीराग की प्यार!
मुक्ति जल की वह शीतल बाढ़, जगत की ज्वाला करती शांत,
तिमिर का हरने को दुख भार, तेज अमिताभ अलौकिक कांत,
देव कर से पीड़ित विक्षुब्ध, प्राणियों से कह उठा पुकार—
तोड़ सकते हो तुम भव-बंध, तुम्हें है यह पूरा अधिकार,
अरी वरुणा की शांत कछार!
तपस्वी के वीराग की प्यार!

छोड़कर जीवन के अतिवाद, मध्य पथ से लो सुगति सुधार,
दु:ख का समुदय उसका नाश, तुम्हारे कर्मों का व्यापार,
विश्व-मानवता का जयघोष, यहीं पर हुआ जलद-स्वर-मंद्र,
मिला था वह पावन आदेश, आज भी साक्षी है रवि-चंद्र,
अरी वरुणा की शांत कछार!
तपस्वी के वीराग की प्यार!
तुम्हारा वह अभिनंदन दिव्य और उस यश का विमल प्रचार,
सकल वसुधा को दे संदेश, धन्य होता है बारंबार,
आज कितनी शताब्दियों बाद, उठी ध्वंसों में वह झंकार,
प्रतिध्वनि जिसकी सुने दिगंत, विश्व वाणी का बने विहार

कृष्णदेव प्रसाद गौड़
(बेढब बनारसी)

[1895-1968]

उनकी शान देखेंगे

तमाशा डट के खाने का तो अब मेहमान देखेंगे,
जो खाने के समय थाली, बिना सामान देखेंगे।

उठाकर मुँह से पर्दा कहते हैं किस शान से मुझसे,
इधर देखो, तुम्हारा आज हम ईमान देखेंगे।

न काशी से रहा मतलब न काबे से गरज कुछ है,
हरएक के दिल में इच्छा है कि इंग्लिस्तान देखेंगे।

सुना फाके की सीढ़ी चढ़कर पहुँचे स्वर्ग में कविजी,
हम उनके शव का चलिए घाट पर सम्मान देखेंगे।

नये युग की नई तहजीब यह हमको सिखाती है,
न देखेंगे घर अपना, चाँद का मैदान देखेंगे।

दुआ देंगे बहुत खुश होकर भावी वंश भारत के,
जब अमरीका के हाथों बिका हिंदुस्तान देखेंगे।

सुना है आजकल वह हो गए सरकार में मंत्री,
उन्हें तो खूब देखा है, अब उनकी शान देखेंगे।

किताबों की जगह हड़ताल की तकनीक सिखलाएँ,
तो बेटे की तरक्की बाप जी आसान देखेंगे।

अगर कुछ दिन यही हालत रही चीनी की भारत में,
तो केवल स्वप्न में हम चाय या जलपान देखेंगे।

बनारस की नहीं कुछ शान रह जाएगी दुनिया में,
न हम गलियों में जिस दिन पान की दुकान देखेंगे।

जो एटम बम इसी ढर्रे से बनते रहे 'बेढब',
जगत को एक दिन भगवान रेगिस्तान देखेंगे।

शमशेर बहादुर सिंह

[1911-1993]

सारनाथ की एक शाम

[त्रिलोचन के लिए]

ये आकाश के सरगम
        खनिज रंग हैं
बहुमूल्य अतीत हैं
                या शायद भविष्य।

तू किस
        गहरे सागर के नीचे
                के गहरे सागर
                        के नीचे का
                गहरा सागर होकर
भिंच गया है
अथाह शिला से केवल
अनिंद्य अवर्ण्य मछलियों के विद्युत
तुझे खनते हैं
अपने सुख के लिए।

(सुख तो व्यंग्य में ही है
        और कहाँ
युग दर्शन
        मित्र
छल का अपना ही
                छंद है
        सर्वोपरि मधुर मुक्त
                और कितना एब्सट्रैक्ट
क्योंकि व्यभिचार ही आधुनिकतम

काव्य कला है   और
आज
आलोचना के डाक्टर
उसे अनादि भी कहते हैं)।

                    शब्द का परिष्कार
                    स्वयं दिशा है
वही मेरी आत्मा हो
                    आधी दूर तक
तब भी
तू बहुत दूर है   बहुत आगे
                    त्रिलोचन।

वह कोलाहल जो कोंपलों में भरा है
सुनकर
तू विक्षुब्ध हो-हो जाता
                    क्या उपनिषदों का शोर
                    उसे दबा पाता।

वरुणा के किनारे एक चक्रस्तूप है
शायद वहीं विश्व का केंद्र है
वहीं कहीं
          ऐसा सुनते हैं।

आधुनिकता   आधुनिकता
डूब रही है   महासागर में
          किसी कोंपल के ओंठ पे
उभरी ओस के   महासागर में
          डूब रही है
तो फिर क्षुब्ध क्यों है तू।

तूने शताब्दियों
सानेट से मुक्त छंद खन कर
संस्कृत वृत्तों में उन्हें बाँधा

सहज ही लगभग
        जैसे य' आकाश बँधे हुए हैं अपने
सरगम के अट्टहास में।

ओ
शक्ति के साधक अर्थ के साधक
तू धरती को दोनों ओर से
थामे हुए और
आँख मीचे हुए ऐसे ही सूँघ रहा है उसे
जाने कब से।

तुझे केवल मैं जानता हूँ।

                    क्योंकि
मैं उसी धरती में लोट रहा हूँ
उसकी
ऋतुओं की पलकों-सा बिछा हुआ मैं
उसकी ऊष्मा में
सुलग रहा हूँ
                    शांति के लिए।

एक वासंती सोम झलक जो मेरे
अंक से छीनकर चाँद लुका लेता है
खींच ले जाती है प्राण मेरा
                    उस पर भी है तेरी दृष्टि।

आंतरिक एकांत
वरुणा किनारे की वह पद्म-
        ऊष्मा।

शम्भुनाथ सिंह

[1916-1991]

सनातन नगर—काशी

चेहरा यही तो देखते
आधी सदी बीती मगर
अच्छा मुझे लगता वही

चेहरा अभी बदला नहीं
हैं झुर्रियाँ अब भी वही
सिकुड़न वही, उलझन वही
मजबूरियाँ अब भी वही

ज्यों मानचित्र स्वदेश का
या जाल नदियों का प्रखर
अच्छा मुझे लगता वही

गलियाँ वही, सड़कें वही
मंदिर वही, खँडहर वही
गंगा वही, वरुणा वही
बूढ़ा मुमुक्ष नगर वही

जो मर नहीं सकता कभी
शिव का सनातन यह नगर
अच्छा मुझे लगता वही

गंगा प्रदूषित हो भले
होगा प्रदूषित यह नहीं
भूषित चिता की राख से
है स्वर्ण मंडित यह नहीं

भूखा सही नंगा सही
आनंद-कानन है मगर
अच्छा मुझे लगता वही

त्रिलोचन

[1917-2007]

बाढ़ में दशाश्वमेध घाट

दशाश्वमेध घाट पर गंगा की धारा है
तट पर जल के ऊपर ऊँचे भवन खड़े हैं
विपुल गुहा-कक्षी ज्यों क्षुद्र पहाड़ गड़े हैं।
बिजली जली ज्योति से भग्न तिमिर कारा है।
तोड़ मारते जल-प्रवाह का स्वर न्यारा है।
जल पर पीपल की शाखा के छत्र पड़े हैं
दल दल के तम से बिजली के स्रोत लड़े हैं
तमसाच्छन्न क्षितिज-तरुश्रेणी, नभ सारा है।

रेंरें बैठे, काली सड़क दाहिने बायें,
जल को छूते तख्ते, तख्तों पर सैलानी
जमे हुए हैं, कहीं चल रही कथा-कहानी,
नौजवान आते हैं, आती हैं महिलाएँ,
विस्फारित लोचन विलोकने वे उपदाएँ
जो गंगा ने दी हैं, जो हैं आनी-जानी।

काशी है यह, गंगा जी हैं

काशी है यह, गंगा जी हैं, विश्वनाथ हैं,
दुर्गा हैं, संकटमोचन हैं, और क्या नहीं
है। खिंच कर कोने कोने से देश के यहीं
जन सिमटे हैं। खेने वाले वही हाथ हैं
जो मनु की नौका खेते थे, प्रलय काल की
चिंता सब के मुख पर है। दुनिया की सारी

वस्तु यहाँ मिल जाएगी, नहीं है लाचारी
किसी बात की। नई पुरानी चाल ढाल की

कहाँ कमी है। इधर विश्वविद्यालय सुंदर
हरा भरा है, उधर दालमंडी की शोभा
रात चौगुनी होती है, रसिकों का लोभा
हुआ हृदय ही जान सका है निशि के अंदर।

भले बुरे, गुंडे सज्जन, सब यहाँ पड़े हैं,
शव हिंदू के जले मुसलमान के गड़े हैं।

प्रभाकर माचवे

[1917-1991]

असी

जनश्रुति है, यह घाट जहाँ जुलाहे में ब्रह्मज्ञान जागा था
असी घाट यह, यहीं कभी तुलसी ने अपना तन त्यागा था
किंतु आज इस स्थल पर हम जूठन, कूड़ा विसृज्य फेंकते
मगर इस समय हम गंदे मच्छर से भिन-भिन खड्ड देखते
कुचले विश्वासों की टूटी बैसाखी हम चले टेकते!
'खूब चकाचक छनी, गुरु!' श्राद्धान्नों की हो गई आज अति!
हरिजन को मंदिर निषिद्ध है, यही हमारी मानव संस्कृति?
केवल आकृषि शेष, आत्मा पापों में डूबी, छिः विकृति!
उतर सीढ़ियों से घंट-स्वर श्रुतियों में भर 'अइली-मइली'
दूर झुटपुटे में बजरे पर कहीं छिड़ी है कोई साखी
कहीं खँजड़ी पर चैती की-कजली की धुन निरगुन पहेली
देख रहा हूँ लीला, कुछ भूला-सा याद-ग्रसा एकाकी
दृष्टि-अंध जाग्रति को ढँकती, जीवन कथा यह मटमैली।
रजकण मैं? यह गर्व-अनंत बालुका विस्तृत फैली-फैली
बाँधूँगा घटिका में कण-कण गिरने पर इतिहास बनेगा
युग की नाप, घाट पर जब तक नीलम नखत वितान तनेगा
शाश्वतवादी अपरिवर्त्य यह कोई है कोल्हू का खूँटा।
मुड़ो चौमुहानी पर; सच्चा कौन, कौन है झूठा।

काशी के घाट पर

निशि मेघाकुल...
अमित असित धूमिल मेघों से भरा हुआ नभ का पड़ाव
शशि की झिलमिल—

छोटी-सी लहरों में डगमग पथहीन नाव
किस मृगनैनी की चपल-चपल—
चितवन की सुधि से परिचालित युव-मनोभाव!
शशि न देख किसी का दिल
रह-रह कस के, स्मर कर प्रिय का दुराव—
छिन में आलोकित हो उठती शत-शत तरंग
मन में आलोड़ित सौ उमंग, सिहरते अंग
उड़-उड़ जाते हैं सुधि-विहंग
कुछ दिशा-रहित, कुछ लक्ष्य-भ्रांत
कुछ सखा-सहित, कुछ यों असंग—
सब ही अशांत;
ज्योत्स्ना का छिन में कुम्हलाता
लहरिल सम्मोहक मदिर मान
जोगी हो मोहातुर गाता
मन में तुषार-मय विदा-गान;
प्रत्यक्ष भाव जब सपनों की संचित रुझान
जब बाँध रखे वक्ष से वक्ष
बाँहों में भर कर विकल बाँह
जाना था किसने नेह राह का
यह विषाक्त भवितव्य, आह!
बँधना प्राणों से मुक प्राण...
है दक्ष-यज्ञ का संविधान
उर की ऊमा का लक्ष-लक्ष अंशों में पाना मरण-दान!
अब डोंगी भी हिल-डोल उठी, पाकर गंगा का दूर तीर
मनुआ अधीर, नयन के नीर से बोझिल गहरी बिसुध पीर
छितरा-छितरा-सा व्योमघाट पर छायाभा का अजब साथ—
आखिर उर में भी डोल उठी, कुछ मावस, कुछ रुपहली रात!
छू चली पुरातन नेह-बात
रोमल हो उठे गात-गात।
टिम-टिम तारा ऊपर सभीत
खेया का कंपित कंठ-गीत
आ भर लूँ हिय में तुझे मीत...
आ पास और उत्कटता से...
उत्ताल लहर की मर्जी पर

खो दें जीवन पल-कल्प प्रहर;
एकांत सत्य बहते रहना—
निज बिधा किसी से क्या कहना?
सुधि-संबल ले चिर-एकाकी
बस सफर-सफर;
आ पास और तन्मयता से—
अब इन लहरों की मर्जी पर,
मिल कर जीवन में जीवन-स्वर,
हो जायें अमर, निर्भर, अंतर
उत्ताल तरंगों की गति पर—
क्या पता कहाँ आना-जाना क्या कूलों की परवाह, पिया!
इस क्षण दो ओठों में गाना दो ओठों में हो चाह, पिया!
वह हिलराता, मदमाता हो, मौजें लेता दरियाव, पिया!
मेघों में मुँह ढाँके मयंक, सुधि मन में गिनती घाव, पिया!

श्रीकांत वर्मा

[1931-1986]

काशी के पंडित

काशी के पंडित काशी के पंडित हैं, जोड़ नहीं
अब देखो न,
व्याख्या कर डाली धर्मयुद्ध की।

पहले की जाती तो क्यों मारा जाता दुर्योधन?
क्यों कर्ण?
मैं पूछता हूँ लिखा ही क्यों जाता महाभारत?

जो भी, जैसी भी हो,
साफ कहे देता हूँ नगरवासियो, देशवासियो—
मुझे स्वीकार्य नहीं
व्याख्या धर्मयुद्ध की।

अब कैसा धर्मयुद्ध, निहत्थों पर जिसमें
हथियार नहीं उठेगा?
तब किस पर उठेगा हथियार!
निहत्थों पर उठने के लिए ही
बने हैं हथियार।

काशी में शव

तुमने देखी है काशी?
जहाँ, जिस रास्ते

जाता है शव—
उसी रास्ते

आता है शव!
शवों का क्या
शव आएँगे,
शव जाएँगे—

पूछो तो, किसका है यह शव?
रोहिताश्व का?
नहीं, नहीं,
हर शव रोहिताश्व नहीं हो सकता

जो होगा
दूर से पहचाना जाएगा
दूर से नहीं, तो
पास से—
और अगर पास से भी नहीं,
तो वह
रोहिताश्व नहीं हो सकता
और अगर हो भी तो
क्या फर्क पड़ेगा?

मित्रो,
तुमने तो देखी है काशी,
जहाँ, जिस रास्ते
जाता है शव
उसी रास्ते
आता है शव!
तुमने सिर्फ यही तो किया
रास्ता दिया
और पूछा—
किसका है यह शव?

जिस किसी का था,
और किसका नहीं था,
कोई फर्क पड़ा?

मणिकर्णिका का डोम

डोम मणिकर्णिका से अक्सर कहता है,
दुखी मत होओ
मणिकर्णिका,
दु:ख तुम्हें शोभा नहीं देता
ऐसे भी श्मशान हैं
जहाँ एक भी शव नहीं आता
आता भी है,
तो गंगा में नहलाया नहीं जाता।
डोम इसके सिवा कह भी
क्या सकता है,
एक अकेला
डोम ही तो है
मणिकर्णिका में अकेले
रह सकता है।
दुखी मत होओ, मणिकर्णिका,
दु:ख मणिकर्णिका के
विधान में नहीं
दु:ख उनके माथे है
जो पहुँचाने आते हैं
दु:ख उनके माथे था
जिसे वे छोड़ चले जाते हैं।
भाग्यशाली हैं, वे
जो लदकर या लादकर
काशी आते हैं
दु:ख मणिकर्णिका को सौंप जाते हैं।
दुखी मत होओ

मणिकर्णिका,
दु:ख हमें शोभा नहीं देता।
ऐसे भी डोम हैं
शव की बाट जोहते
पथरा जाती हैं जिनकी आँखें,
शव नहीं आता—
इसके सिवा डोम कह भी क्या सकता है!

विष्णुचंद्र शर्मा

[1933-2020]

धनुषाकार काशी है

एक

धनुषाकार काशी की गंगा में
कितनी बार टूटी है धनुही मेरे मनोभावों की,
कितनी बार भारतेंदु ने अंधी गली में
'अंधेर नगरी' खेली है
कितनी बार हारी हुई लड़ाई की वसीयत
लिखी है ठाकुर प्रसाद सिंह ने।
पहली लड़ाई में कुँवर सिंह, मंगल पांडे ने
कहा था : 'आजादी लड़कर हासिल होती है'
प्रेमचंद रोज आजादी के लड़ाई की कहानी लिखा करते थे!
प्रेमचंद, प्रसाद से कहते थे 'गड़े मुर्दों से
नहीं चंद्रगुप्त को विजय मिली थी।'
लू से झुलस रहे थे प्रसाद तब इन्हीं
गलियों में।
रुस्तम सैटिन तब पर्दे के बाहर जनयुग बेचा करते थे।
और प्रेमचंद से कहते थे—'दुःखवाद' पुरानी
कहानी है, 'नई काशी अभी बन रही है।'
प्रसाद ने तभी रुस्तम से कहा था : 'लज्जा सर्ग
लिखा है, पता नहीं कामायनी कब लिख पाऊँगा'
उस दिन 'ब्राह्मण सावधान' यहीं पढ़ा था। संपूर्णानंद ने
उस दिन यहीं 'जाति पात तोड़क' का नया
अंक संपादित किया था कृष्णचंद्र शर्मा ने।
उस दिन भारत माता मंदिर में आजाद
भारत का नक्शा उकेरा था संगमरमर पर
शिव प्रसाद गुप्त ने।

दो

धनुषाकार काशी की गंगा आज भी
तांतपुर से तुलसीघाट तक बहती है।
कभी कबीर यहीं सड़ी हुई गाय का तांत
उठाते थे और करघे पर
सूत काता करते थे।
काशी के ब्राह्मण अब कबीर को भूल गए हैं
विनोद शंकर व्यास ने तब अपनी आत्मकथा लिखी थी।
प्रसाद के समकालीनों की कहानी सुनाई थी।
मुझसे कहा था : 'माधुरी' को लोग भूल गए हैं—
यह एक कहानी है, सुनो और लिखो धर्मवीर भारती को।
काशी का कथानक अभी सजीव है।
धर्मयुग में बूढ़े विनोद शंकर व्यास की तीन कहानी छपी थी
'राम बोला राखो राम' मुझे तब सुनाया था रुद्र काशिकेय ने
मैंने उसे साप्ताहिक हिंदुस्तान में भेज दिया था।

तीन

धनुषाकार काशी की शुरुआत हुई थी इसी ईश्वरगंगी से
कोतुक बनारसी तब रांगेय राघव और भारतेंदु की शैली पर
काशी की शैली का व्यंग्य रच रहे थे
ठाकुर प्रसाद सिंह चकिया, चंदौली में एक
पर्दा तान कर प्रेमचंद की कहानी का मंचन किया करते थे।
लालटेन की छाया पर्दे पर उतरती थी
और ठाकुर कथानक सुनाया करते थे गँवई संस्कृति का
ढिबरी जलाकर ईश्वरगंगी में 'महामानव' लिख रहे थे 'अग्रदूत'।
पीली कोठी से मदनपुरा तक दंगे भड़क उठे थे
सिर्फ विश्वेश्वरगंज के मजूरे कंधे और पीठ पर
अनाज ढो रहे थे।

चार

धनुषाकार काशी की गंगा में कई बार इस पार से
उस पार तक गए थे त्रिलोचन इसी काशी में

हर बार एक गीत धरती का सुनाते थे
हर बार कहते थे : 'लड़ता हुआ समाज है काशी का।'
नामवर सिंह तब 'बकलम खुद' सुना रहे थे त्रिलोचन को
काशी का इतिहास काशी करवट को लाँघ गया था
तुलसीदास के 'अंधकूप' खो गए थे रामचंद्र शुक्ल की काशी में।
रामचंद्र शुक्ल तब इक्के से जाते काशी विश्वविद्यालय तक
और इतिहास का प्रारूप रच रहे थे
नामवर सिंह इतिहास और आलोचना से इलाहाबाद, पटना,
इंदौर में याद किए जाते थे।
संकल्प प्रकाशन से इसी धनुषाकार काशी का हाथ तब छपा था,
तुर्की का निकाला कवि
सोवियत संघ में 'इंसानी मंजर' लिख रहा था
धनुषाकार काशी ने तभी चंद्रबली सिंह का
'हाथ' खरीद कर पढ़ा था
नागार्जुन ने कहा था : दूसरे महायुद्ध के बाद
नाज़िम हिकमत में चंद्रबली ने
नई आस्था जगाई है।

पाँच

मैं तब लंका से विद्यापीठ साइकिल से नापता था
और 'कवि' की प्रति पं. हजारीप्रसाद द्विवेदी, पं. विश्वनाथ प्रसाद
मिश्र और प्रो. राजाराम शास्त्री को देता था, लोग सोचा करते थे
'कवि' का विशिष्ट कवि त्रिलोचन के बाद कौन हो सकता है।
आज लोग केदारनाथ अग्रवाल पर चर्चा करते हुए कवि के विशिष्ट कवि की बात भूल चुके हैं। कहा था, बाँदा के कवि ने 'आलोचक मुझे तहाकर संदूक में फेंक चुके हैं।'
नामवर सिंह तब कवि के विशिष्ट कवि थे और मैं याद रखता हूँ रामअवध द्विवेदी की जिन्होंने कीर्ति चौधरी की कविता पर लिखा था 'नई नारी जाग रही है।'
रुस्तम ने अपनी आत्मकथा का नाम दिया था : 'यादों की बारात।'
आज पंडों और मठों के सड़े हुए लोगों की याद रह गई है—काशी में।

छह

धनुषाकार गंगा काशी में आज मैली हो गई है
कोई इस मैली चादर को जस का तस
उजला नहीं रखता है
उजली कहानी तब लिखी थी विद्या सागर नौटियाल ने 'देहरी की कहानी'।
काशी से कल्पना (हैदराबाद) तक
एक नई पटकथा रची थी धनुषाकार काशी ने।

सात

कबीर ने पाँच हजार वर्ष पुरानी काशी की सभ्यता में
एकतारा बजाया था,
एक 'ढाई आखर' की काशी बसाई थी।
काशी में मोहनजोदड़ो की सी खोज की थी तुलसीदास ने
उत्खनन में मृद्‌भांड मिले थे
चूल्हे में रोटी पकाई थी तुलसी ने।
एक ही मकान में कई कमरे थे। एक कमरे में अन्न भंडार था।
गंगा के तट पर नलिया थी निकास की।
भोड़े दिन भूलकर तुलसी गोसाईं हो गए थे।
8-10 घर के कमरे में लगातार सोते जागते सोचा करते थे।
पत्थर की नाव कल डूब गई थी, आज रेता भरी नाव
बाढ़ में डूब गई है।
क्या ऐसे ही राम के बाद कभी अयोध्या डूबी थी।
हड़प्पा संस्कृति से कितनी पुरानी थी काशी की संस्कृति
काशी के तुलसी की क्या कोई 'सील' थी
जिससे वे तुलसी मठ के लिए रेता और सिल्ली खरीदते थे।
किसने बनाए थे तोरणद्वार काष्ठ के
किसने काष्ठ की खड़ाऊँ, काष्ठ की मूर्ति, काष्ठ की वेदियाँ
बनाई थी गुसाईं के लिए।
क्या कोई सूर्य मंदिर का स्तंभ बनाया था, गोसाईं तुलसी ने।
कोई नहीं, काष्ठ की कलाकृति बोलती-बतियाती हैं
बस सुबह शाम धनुषाकार काशी की गंगा में तैरकर
तुलसीदास टूटे हुए धनुही से कमरे में लेट जाते थे...

धनुषाकार काशी की गंगा
दौड़ रही है अनवरत
मैंने भी बार बार डूबकर काशी की कहानी दुहराई है,
कल तुम भी उत्सव के बाद खोजना सभ्यता को।

केदारनाथ सिंह

[1934-2018]

बनारस

इस शहर में बसंत
अचानक आता है
जब आता है तो मैंने देखा है
लहरतारा या मडुवाडीह की तरफ से
उठता है धूल का एक बवंडर
और इस महान पुराने शहर की जीभ
किरकिराने लगती है

जो है वह सुगबुगाता है
जो नहीं है वह फेंकने लगता है पचखियाँ
आदमी दशाश्वमेध पर जाता है
और पाता है घाट का आखिरी पत्थर
कुछ और मुलायम हो गया है
सीढ़ियों पर बैठे बंदरों की आँखों में
एक अजीब-सी नमी है
वह एक अजीब-सी चमक से भर उठा है
भिखारियों के कटोरों का खालीपन

तुमने कभी देखा है
खाली कटोरों में बसंत का उतरना!
यह शहर इसी तरह खुलता है
इसी तरह भरता
और खाली होता है यह शहर
इसी तरह रोज-रोज एक अनंत शव
ले जाते हैं कंधे

अँधेरी गली से
चमकती हुई गंगा की तरफ

इस शहर में धूल
धीरे-धीरे उड़ती है
धीरे-धीरे चलते हैं लोग
धीरे-धीरे बजते हैं घंटे
शाम धीरे-धीरे होती है

यह धीरे-धीरे होना
धीरे-धीरे होने की एक सामूहिक लय
दृढ़ता से बाँधे है समूचे शहर को
इस तरह कि कुछ भी गिरता नहीं है
कि हिलता नहीं है कुछ भी
कि जो चीज जहाँ थी
वहीं पर रखी है
कि पानी वहीं है
कि वहीं पर बँधी है नाव
कि वहीं पर रखी है तुलसीदास की खड़ाऊँ
सैकड़ों बरस से

कभी सई-साँझ
बिना किसी सूचना के
घुस जाओ इस शहर में
कभी आरती के आलोक में
इसे अचानक देखो
अद्‌भुत है इसकी बनावट
यह आधा जल में है
आधा मंत्र में
आधा फूल में है
आधा शव में
आधा नींद में है
आधा शंख में
अगर ध्यान से देखो

तो यह आधा है
और आधा नहीं है

जो है वह खड़ा है
बिना किसी स्तंभ के
जो नहीं है उसे थामे हैं
राख और रोशनी के ऊँचे-ऊँचे स्तंभ
आग के स्तंभ
और पानी के स्तंभ
धुएँ के
खुशबू के
आदमी के उठे हुए हाथों के स्तंभ

किसी अलक्षित सूर्य को
देता हुआ अर्घ्य
शताब्दियों से इसी तरह
गंगा के जल में
अपनी एक टाँग पर खड़ा है यह शहर
अपनी दूसरी टाँग से
बिलकुल बेखबर

परमानंद श्रीवास्तव

[1935-2013]

बनारस में एक दिन

बनारस नाराज है
कि ठीक उस समय
जब बनारस में
        सुबह हो रही है
दूसरे शहरों में
क्यों हो रही है
सुबह!

बनारस नाराज है
कि ठीक उस समय
जब बनारस की घड़ियों में
दिन के डेढ़ बज रहे हैं

दूसरे शहरों की घड़ियों में
        क्यों बज रहे हैं
        दिन के
        डेढ़!

बनारस नाराज है
कि ठीक उस समय
जब बनारस की गंगा में
शाम हो रही है

दूसरे शहरों के
        गुमनाम नदी-तटों पर
क्यों हो रही है
शाम!

प्रयाग शुक्ल

[1940]

वाराणसी में गंगा के तट पर एक शाम

सांध्य तट
आहट
निकट
अँधियार की—

चमकती रेती
वहाँ, उस
पार की!

वृक्ष चुप-से खड़े
उड़ती हुईं
चिड़ियाँ
दूर!

रह-रह
बोलती कोयल।
उभरती नाव—
छोटी नाव के आकार की—

घाट
आकृतियाँ
टँगी हैं झंडियाँ कुछ,
थाह कुछ तो
सोचती
मँझधार की!

न जाने किस रंग में
क्या कहेगी,

लहर पिछली
उभर अबकी
बार की!

हो समर्पित दृश्य को—
लो, उमगती
आ रही वह चंद्रिमा
उजियार की!!

उमाशंकर तिवारी

[1940]

बनारस की सुबह वाले

शाम की रंगीनियाँ
किस काम की
किसलिए कहवाघरों के
चोंचले?
आचमन करते
उषा की ज्योति से
हम बनारस की सुबह वाले
भले।
मंदिरों के साथ
सोते-जागते
हम जुड़े हैं सीढ़ियों से,
घाट से
एक चादर है
जुलाहे की जिसे
ओढ़कर लगते किसी
सम्राट से
हम हवा के पालने के
झूलते
हम खुले आकाश के
नीचे पले।

हम न डमरू की तरह
बजते अगर
व्याकरण के सूत्र
कैसे फूटते?
हम अगर शव-साधना

करते नहीं
सभ्यता के जाल से
क्या छूटते?
भंग पीकर भी अमंग
हुए यहाँ
सत्य का विष पी
हुए हैं बावले।

हों ऋचाएँ, स्तोत्र हों
या श्लोक हों
हम रचे जाते लहर से,
धार से
एक बीजाक्षर अहिंसा
का लिए
आ रही आवाज
वरुणा-पार से
हम अनागत की
अदेखी राह पर
हैं तथागत-गीत
गाते बढ़े चले।

रामकुमार कृषक

[1943]

बनारस नहीं सुना कभी!

कहाँ से आ रहे हो भाई
—अयोध्या से
और तुम
—अलीगढ़ से
और तुम
—अमृतसर से
और तुम
—श्रीनगर से
और तुम
—गुवाहाटी से...

और बनारस? बनारस से नहीं कोई!
बनारस नहीं सुना कभी
नहीं गए कभी बनारस
आए नहीं बनारस होकर कभी?

वहाँ जरूर जाना एक बार
नापते हुए आसेतु-हिमालय पूरा देश
लौट आना इसी जगह
फिर देखना कितने भाँडे फूटे मिलेंगे यहाँ
इसी चौराहे पर

खैर, सुस्ता लो थोड़ी देर
पस्त दिखाई दे रहे हो एकदम
वो देखो
उस पेड़ की छाया चली आ रही है इसी ओर

लेट रहो घड़ी-भर उसमें
चाहो तो बिछाकर ओढ़ भी सकते हो उसे

पगडंडियाँ तो मिली होंगी कई
छुआ होगा बहुतों ने तुम्हें
पूछा भी होगा गंतव्य
तुमने भी पूछा किसी से
नाम और पता उसका
गाँव-गिराँव तहसील या जिला
उम्र, उदासी या खुशी उसकी

नहीं...नहीं रुके पल - दो पल
पत्थर ही रहे आखिर
बढ़े नहीं किसी की ओर
चलते ही चले आए अपनी धुन में

मुश्किल नहीं था पगडंडियों के लिए
दे सकती थीं बनारस का पता वे भी
बहुत पुरानी है
काशी के जुलाहे से दोस्ती उनकी।

राजेश जोशी

[1946]

सुबहे बनारस

जन्म के इतने बरस बाद उस दिन फिर ब्रह्ममुहूर्त में जागा
कि मुझे सुबहे बनारस देखनी थी

ऐसा क्या रक्खा था बनारस की सुबह में
कि इतनी सुबह-सुबह विनय दुबे के साथ
धँसता जाता था बनारस की सँकरी गलियों में

चकित था कि बिना एक बार भी अलसाए मैं उठ बैठा
अँधेरे को बुहारना शुरू करती धूप की मुलायम बुहारी तब तक
साइकल रिक्शा पर बैठ हम गोदौलिया चौराहे तक पहुँच गए
हर कहीं रास्ता रोक कर मुँह उठाए खड़े साँडों से बचते
और दशाश्वमेध घाट की सीढ़ियाँ उतरते
हमने बनारस के बारे में चर्चित एक पुरानी कहावत को दोहराया
लगभग पच्चीस-तीस बरस पहले विनय दुबे ने काशी हिंदू विश्वविद्यालय में
बिताए थे सात-आठ बरस
उनके चेहरे पर विस्मय का भाव कभी-कभी ही आता था
वो नाश्ते के लिए किसी खास व्यंजन की याद करते और फिर याद करते
किसी पुरानी दुकान का नाम और जगह
फिर फुर्ती से किसी गली में मुड़ जाते और ढूँढ लेते उस दुकान को
अभी भी बहुत-कुछ ऐसा था वहाँ
जो नहीं बदला था पुराना था जाना-पहचाना था
बाजार के चेहरे को बहुत ज्यादा नहीं बदल पाया था नया बाजार
संकटमोचन की नई दुकानों पर पुराने स्वाद के लड्डू मिलते थे

कितना सुख लगता है इस तरह बरसों बाद भी
किसी दोस्त या शहर के चेहरे में
कुछ जाना-पहचाना-सा दिख जाने में

थोड़ी अटक के साथ बनारसी बोली-बानी में बतियाने की कोशिश करते
विनय दुबे ने भाव-ताव करके तय कर ली थी एक नाव
बारिश इस बार लगभग नहीं हुई थी
पानी मटमैला था
मणिकर्णिका घाट पर धू-धू करती कोई चिता जलती थी
घाट के पीछे बने पत्थर के गलियारों की दीवार पर
लगता था सदियों की कालिख जमा थी
हरिश्चंद्र घाट के पास पिछली रात किसी ने आत्महत्या की थी
उसकी लाश अभी पानी में हिचकोले खा रही थी
घाट से बँधी कुछ नावें खड़ी थीं
पास ही कुछ लोग निर्विकार भाव से नदी में डुबकियाँ लगा रहे थे
सूर्य को अर्घ्य दे रहे थे

मृत्यु के प्रति कैसा निर्विकार-सा भाव था
कि बस जीवन ही जीवन था बनारस में
सट कर रगड़ कर निकलता गलियों से
जिधर जाओ उधर ही काँवड़ियों के झुंड दिखते थे
मैं अपनी स्मृतियों की काँवड़ में भर रहा था बनारस की एक सुबह
मैं तालाबों के शहर का नागरिक था इसलिए नदियाँ
मुझे हमेशा ही अपने पास खींचती थीं

पटना या इलाहाबाद में गंगा को देखने से अलग था
बनारस में गंगा को देखना
यह अलग क्या था इसे मैं सिर्फ महसूस कर सकता था
पर, इसे कह सकने को भाषा नहीं थी!!

उमस

अगर एक मिनट भी और देर हुई होती
तो छूट ही जाती उस दिन कामायनी एक्सप्रेस!

इतना भी वक्त नहीं था कि प्लेटफार्म पर हम
अपनी बोतलों में पानी भर पाते
उमस इतनी ज्यादा थी कि सबके गले सूख रहे थे
और किसी के पास नहीं था एक घूँट भी पानी
खिड़की से चेहरा सटाए सब हवा के लिए बेचैन थे
गाड़ी ने रफ्तार पकड़ी तो सबने राहत की साँस ली
प्यास लग रही थी और थकान के चलते चाय की तलब भी
फिर सब भदोही के आने का इंतजार करने लगे

आषाढ़ के बादल बिना बरसे ही इस बार
उत्तर भारत से फरार हो गए थे
मानसून से पहले ही फुहारें भी इन इलाकों में नहीं पड़ी थीं
और चौपट हो चुकी थी सोयाबीन की सारी फसल
जिन खेतों के आसपास नाले या नहरें थीं
वहीं बुआई हुई थी और भूले-भटके कहीं-कहीं कुछ हरियाली दिख जाती थी
ज्यादातर खेतों में हल चल चुका था पर बीज नहीं छींटे गए थे

सावन का पहला सोमवार था
भीड़ से अँटी पड़ी थीं काशी विश्वनाथ के मंदिर की सारी गलियाँ
बहुत लंबा रास्ता तय करके आना पड़ा था हमें स्टेशन तक
धर्मप्राण काशी ने गड़बड़ा दिया था
हमारे समय का सारा गणित
दौड़ते-भागते भी लेकिन पकड़ ही ली थी हमने कामायनी एक्सप्रेस
सीट पर पसरते ही राहत की साँस ली थी सबने
और अब खिड़की के बाहर देखते हुए
भदोही के आने का इंतजार कर रहे थे हम

तभी एक सूखे खेत की मेंड़ पर खड़े बहुत-सारे अधनंगे बच्चों ने
हमारी ओर देख कर अपने छोटे-छोटे हाथ हिलाये
और जोर से हँसे
जितनी हँसी उनके दाँतों पर थी
उससे कहीं ज्यादा हँसी
उनकी आँखों में थी

अजीब दृश्य था
कि उस उन्मुक्त दूधिया हँसी के पीछे
दूर तक एक सूखा खेत था
साँवले से कुछ ज्यादा गहरे थे उन बच्चों के चेहरे
और दूधिया से कुछ ज्यादा उजली थी
उनकी हँसी

जाने क्या था उस हँसी में न जाने क्या कहता हुआ-सा
कि मैं उस पल भूल गया उमस की सारी बेचैनी
लगा एकाएक
उतर गई जैसे सारी थकान!

अजय मिश्र

[1946-2018]

भिक्षाटन पर शिव

शिवालय तोड़े जाने के बाद
भिक्षाटन की दीनता उजागर है
शिव का भिक्षापात्र
गली में कहीं
लुढ़क मलबे में दबा पड़ा है
गंगा तो पहले ही निरुपाय
किसी नाले में
औंधे मुँह गिरने वाली है
प्यार से दुलराती पाँच शावकों को
बिल्ली मृगचर्म पर पंजे मार
नाखून तेज कर रही है
शिव की शोभा बनने वाला चाँद
दो पटियों के बीच अड़ा है
गली में अँधेरा पूरे होश-हवास में खड़ा है
त्रिशूल छाती में आ गड़ा है।

बदलाव

लाहौरी टोला, नीलकंठ, ललिताघाट
बदल रहा है
एक विशाल कब्रिस्तान की खामोशी में
सामूहिक प्रार्थना का हकदार बनता
जहाँ देखे अनदेखे पुरुखों की स्मृति
चूहों नेवलों की सरसराहट के बीच

स्मृति चक्र बन कौंधेगी
राजमार्ग पर चलते हुए
पाँव लरजे न लरजे
कलेजा उनकी उपस्थिति महसूस करेगा

राधावल्लभ त्रिपाठी

[1949]

देव दीपावली

कार्तिक की पूर्णिमा के उत्सव पर
काशी में गंगा के तट पर
विश्वनाथ के घर के आगे
जब मनती है देव दीपावली
गंगा अपनी लहरों पर तिरते असंख्य पावन दीपों से
आरती उतारती है शंकर महादेव की।

दीयों की पाँतें लहरों पर सरकती हैं
अगणित दीपों की झिलमिलाहट में
जैसे आकाश से उतर आता है नक्षत्रों का चक्रवाल
गंगा के तल पर।
फिर तो आकाश के मंडप के नीचे
गंगा तट के रंगमंच पर
शंखों और नगाड़ों की तीव्र वादन में
अर्धनारीश्वर लास्य और तांडव एक साथ करते हैं

नौकाओं में बैठे विदेशी सैलानी
चकित हो कर ताकते रह जाते हैं
एक और गंगा के जल में बिछती चाँदनी
चाँदी के सेतु दोनों पाटों को जोड़ते
उनके आसपास फैली दीपों की कतारें
और उनके बीच सरकती
सैकड़ों नौकाएँ

(और एक अंश प्रशिप्त भी)
कोई जुआ खेल कर, कोई मदिरा पी कर

कोई पटाखे चला कर
कोई बिजली की रोशनियों के वितान रच कर
कुछ और लोग पूजामंगल के शुभसंभार लजा कर
दीपोत्सव का आयोजन करते हैं
जिन्होंने अपने आप को दीपक बना लिया है
उनके लिए तो नित्य दीपावली है।

रामकृष्ण पांडेय

[1949]

बनारस

एक गली में
कई गलियाँ
और उनमें भी
अनेक गलियाँ
जैसे किसी कथा में
कई कथाएँ
और उन कथाओं में भी
अनेक उपकथाएँ
और अंतर्कथाएँ
पर कोई रहस्य नहीं
सभी कथाएँ एक जैसी

एक जैसा दुख
एक जैसा सुख
एक ही जैसा हर्षोल्लास
एक ही जैसा विषाद
एक ही जैसी पीड़ा
फिर भी सब अलग-अलग
जैसे समानांतर रेखाएँ

हालाँकि गलियाँ
एक दूसरे को काटतीं
एक दूसरे में शामिल
हिली-मिलीं

कथाएँ भी
गलियों की ही तरह

दरअसल
सब मिलकर
एक ही बड़ी कथा
उसी की उपकथाएँ, अंतर्कथाएँ
फिर भी अलग-अलग

ज्ञानेंद्रपति

[1950]

दशाश्वमेध घाट पर एक दोपहर

दशाश्वमेध घाट :
सुस्थिर-मन छलान से तट-बँधी तीन-चार नावों का एक झुरमुट
जिनके दोनों सिक्कों पर
उनकी गलही और पछिला पर
पक्षियों का अचानक बस गया गाँव
और लो, अचानक ही उजड़ गया

दस-पन्द्रह
कि पन्द्रह-बीस?
वे उड़ कर एक ओर गईं
गंगामैनाएँ
रहवासिन गंगातट की
तट-छोर से दूर—दृष्टि-छोर पर
बढ़ आई गंगा की सिरजी अरार में
भुरकी बना रहने वाली
रेत-नीड़ में
उनके साथ, उनकी चोंच में और आँखों के गिर्द लगा हुआ
नारंगी रंग गया
झपाके से
उनके उड़ उठने के साथ ही
उड़ कर गए दूसरी ओर
दो खंजन
ओह! खंजन युगल एक
शीतकाल के यायावर अतिथि
शिशिर के सीमांत पर

ऊँचे पहाड़ों के निज घर
लौट चलने की तैयारी करते हुए मन-ही-मन
पंख-बल तोलते हुए
लहू में जीवन-संकल्प घोलते हुए
गंगा के मोह में एक-दो दिन बिलम जाने वाले
अस्थिर दुम वाले स्थिरचित्त खंजन
हवा में एक चाप बनाती उनकी क्षिप्र उड़ान
काली-उजली रंगाभावाली

तभी एक सूँस उछली
मछली नहीं, वह एक गांगेय डालफिन
आवाज-तरंगों से टोह लेने वाली
उसकी विशाल मांसल देह
एक उनींदे अंध अस्तित्व के नयनाभिराम दर्शन करा गई

उसकी उछाल से
थोड़ी देर जल प्रकंपित था
जिसे सुतल करती, गुजरी, मणिकर्णिकामुखी
लट्ठों-लकड़ियों-लरेठों से भरी
एक पतवारयुक्त मालवाही नौका
जिसकी गलही पर बैठे दो जने
दोनों हाथों से एक-एक चप्पू
चला रहे थे
एक साथ डुलते आगे-पीछे
आगे नहीं, पीछे देखते
चले चलते तेज-तेज
भुजबल ही पदबल नदी की राह में

चिता-संवाद

मणिकर्णिका पर जलती हुई एक चिता
दूरस्थ—दूसरे ध्रुवस्थ, लेकिन नदी की बाँक पर स्थित सम्मुख

हरिश्चंद्र घाट पर जलती चिता से
करती है एक गूढ़ संवाद
चिता की लपटों की घट-बढ़ से
लाल गेरुई और नील-हृदय पीले रंगों के हेल-मेल से
लहक-दहक धधक-भभक से
बहुविध प्रकाश-संकेतों से
कि मानो अनंत यात्रा पर निकले नाविकों के
मोर्स-सिग्नल हों वे
अनुभव-मर्म के आदान-प्रदान

कुहरिल अँधेरे में
बीच के तट-घाटों की बत्तियाँ—
बल्बों के गुच्छे, नियान-लाइटों के फानूस, वैपर-लैंपों के समूह—
सभी-की-सभी घाट-तटवासी बत्तियाँ
कि जैसे छज्जों से झाँकतीं बच्चियाँ
उत्सुकता से सुनती हैं, साँस रोके
संध्या-भाषा में यह मूक संभाषण
समझ नहीं पातीं, लेकिन समझना चाहतीं जीवनाशय

नगर की आँखों में बसी है असी

असी
वही—वाराणसी की वरुणा का विपरीत ध्रुव
वही असी जो नदी से नाला हुई है
जलपक्षियों ने त्याग दिया है जिसे
भूल गया है नगर जिसे एक नदी के रूप में
एक सीमेंट की नाली में बहती जाती है जो मौन, मुर्दार
एक नामशेष नदी
हिमालय तक पहुँची है उसकी हाय
इंद्र ने सुन ली है अबके उसकी
वज्रधर इंद्र वज्रबधिर नहीं हुआ अभी

इस भादों की बरखा में
गंगा में पानी जब हो गया है खतरे के निशान के पार
केन ने तो बाँदा को जल-प्रलय में डुबो दिया है
(चिंता होती है, कैसे हैं कवि केदार
बाँदा की झोंपड़ियों, दियासलाइयों, बच्चों के साथ-साथ अपनी
कविताओं के कागजों को
दोनों हाथों में समेटे
कौन सी सूखी जगह पाएँगे अपना उमड़ता हृदय लिये)
तब यह असी
एक सुबह नाले से नदी में बदल जाती है
बालसूर्य देखता है उसमें अपना चेहरा
छोड़कर उमड़ी अधीर गंगा-यमुना गोमती-गोदावरी को
इस भरी-भरी असी को ही बनाता है
अपनी आँखों में आँखें डालने वाला आईना—
मित्रस्य चक्षुषा ताकने से पहले पूरी पृथ्वी को—
उन दो-चार खुश तटवासी पेड़ों के साथ जो रातोंरात वृक्ष बन गए हैं
पड़ोसी निकटस्थ नए निर्द्वंद्व मकानों के जिनका चेहरा फक्क है
रंग-रोगन के बावजूद
रातोंरात पुराना पड़ा-सा
फिक्रमंद

अब आज
नगर में आया हो कोई महामहिम
देश-परदेश का
कोई धर्मगुरु, कोई जादूगर या कोई भी नेकनाम या बदनाम
होटल के पलंग पर या अखबार के पन्ने पर ही पसरा रहेगा
पाँव धरने की जगह न होगी आज नगर की आँखों में
नगर की आँखों में बसी है आज असी
असी की पुलिया पर रुकते हैं आज दोपहिए और दोपाए
ठिठकते हैं तिपहिए
यातायात है हर्षावरुद्ध
नदी के नाला बनने पर निकली थी न जो आह हृदय से
नाले के नदी बनने पर निकली है वह विस्फारित आँखों से वाह बन

नदी और साबुन

नदी!
तू इतनी दुबली क्यों है
और मैली-कुचैली
मारी हुई इच्छाओं की तरह मछलियाँ क्यों उतारे हैं
तुम्हारे दुर्दिनों के दुर्जल में
किसने तुम्हारा नीर हरा
कलकल में कलुष भरा
बाघों के जुठारने से तो
कभी दूषित नहीं हुआ तुम्हारा जल
न कछुओं की दृढ़ पीठों से उलीचा जाकर भी कम हुआ
हाथियों की जल-क्रीड़ाओं को भी तुम सहती रही सानंद
आह! लेकिन
स्वार्थी कारखानों का तेजाबी पेशाब झेलते
बैगनी हो गई तुम्हारी शुभ्र त्वचा
हिमालय के होते भी तुम्हारे सिरहाने
हथेली-भर की एक साबुन की टिकिया से
हार गई तुम युद्ध

नरेन्द्र पुंडरीक

[1954]

बनारस

बनारस तो मैं कई बार गया
इस बार भी गया बनारस
बनारस से अच्छा लगा मुझे सारनाथ
क्योंकि मुझे स्कूल की किताबों में
बनारस नहीं सारनाथ के बारे में बताया गया था,

इन दिनों ही मुझे पढ़ाया गया था कबीर पाठ
कबीर की छाती में रामानंद का पाँव
आज भी आँखों में लहरतारा वैसा का वैसा है
वापसी में जब मैं लौट रहा था
रास्ते में दिखाई दिया था लहरतारा
मन में बहुत हुआ था कि
कुछ देर रुक कर बैठ जाऊँ और
मिटा लूँ मन का फेर-फार
लेकिन हार बैठा साथियों के साथ से,

मैं जाना चाहता था मगहर
वे दिखाना चाहते थे मुझे काशी विश्वनाथ
मुझे वह दिखाना चाहते थे वह मस्जिद
जो बाबा विश्वनाथ की पीठ में
बकौल उनके लदी पड़ रही थी
उन्हें यह मालूम नहीं था कि
मैं बाबा विश्वनाथ को बचपन से ही देख रहा था
माँ और पिता की अतृप्तता में
जो पूरी उमर इन्हीं में लगे रह कर भी
रह गए थे खाली खुक्क,

जब सब के सब इस सबमें लगे थे
मेरा मन गंगा में बने घाटों की लंबी कतार में
पतंग की तरह घूम-घूम कर उड़ रहा था
इस समय तो मुझे सब नहीं
कुछेक नाम ही याद हैं

मणिकर्णिका का नाम इसलिए याद है
जहाँ एक पूरी तरह से जल कर राख नहीं हो पाती थी कि
दूसरी आकर उसी के ऊपर धर दी जाती थी
मोक्ष पाने का यह ढंग देखकर
जी भीतर से ऐसा घिनघिना उठा कि
मैं भाग कर इतनी दूर खड़ा हुआ
जहाँ से घाट क्या गंगा भी न दिखाई दे,

अस्सी घाट तो इसलिए याद रह गया था कि
बचपन में किताबों में पढ़ा था कि
अस्सी घाट में गुजरे थे बाबा तुलसी
जो सबसे पहले मेरी जबान में
ऐसे उतरे थे कि अब तक
वैसे के वैसे ही धरे हैं और
हरिश्चंद घाट इसलिए याद रह गया था कि
दुनिया के सबसे बड़े कफ़न खसोट के नाम पर था
तमाम चीजें इतिहास और परंपरा की
इसी तरह के घटियापे के कारण याद रह जाती है
जिन्हें शताब्दियों तक दुहराते चले जाते हैं हम

पहली बार जब बनारस गया था तो
लगा था वाकई यह बनारस है
जहाँ हिंदी का एक नामवर आलोचक
साठ वर्ष का हुआ था
मुझे लगा कि मुझे जाना चाहिए
न जाने पर हो सकता है कि वह
कुछ कम का ना मान लिया जाए,

मैं यह देख कर चकित था कि
साठ के नामवर सिंह की षष्ठी मनाने के लिए
सबके सब सत्तर और अस्सी के लोग शामिल हैं
जिन्हें शायद अब याद नहीं रह गया कि
वे कब साठ के हुए थे,

मेरे साथ बाँदा से एक पचपन साला टू इन वन गए थे
वह जब तक वहाँ रहे
अपने अगले पाँच साल में फँसे रहे
यह ससुरा साठ साल का नशा भी अजीब होता है
किसी को कम किसी को ज्यादा
कुछ न कुछ होता सबको है,

बनारस से तो बहुत लोग भागे और
बहुत लोग भगाए गए
जो लोग गए वे लौट कर नहीं आए बनारस
पर यह आलोचक इस मामले में
जीवट वाला तो है ही
यह जितनी बार बनारस से भगाया गया
उतनी ही बार दूने वेग से तोडता
बंद सीलन भरे चौखट दरवाजे
गजनवी की तरह आता रहा बनारस।

मुक्ता

[1954]

मीर घाट से देखिए बनारस को

मीर घाट से देखिए बनारस को
जहाँ होली के रंग में रँग जाता था हर एक पत्थर
हर-हर महादेव, अल्लाह...ओ-अकबर।
उन्हीं ध्वनियों के संपुट से बना है अमृत-स्वर
जो अक्सर उतर आता है
सुर साधकों के कंठ में, वाद्य यंत्रों में।
बनारसी कजली के बोल वीर बाँकुरे पर न्योछावर
इन्हीं सीढ़ियों ने नम आँखों दी थी विदाई
'नागर नैया जाला काले पानी हो हरी...'
दूसरा स्वर चैती का
धुँधरानी गलियों की पान की दुकानों के पास
'चढ़त चैत चित लागे ना रामा बाबुल के आँगनवाँ...'

राग-रागिनियों का तन है बनारस
अलमस्त सुरों का गुरु—
मणिकर्णिका
विराग का महाश्मशान है
मगहर में मिलेगी कबीर गुफा
यहाँ गंगा में कबीर हैं
बनारस को समझना हो तो
मीर घाट से देखिए बनारस को।

सुरेंद्र वाजपेयी

[1955]

वे बनारस को नहीं जानते

जो कहते हैं कि
बनारस को जानते हैं
दरअसल, वे बनारस को नहीं जानते हैं,
वे इसे दुनिया का एक पुराना शहर मानते हैं,
भक्ति और मुक्ति का,
ज्ञान और उपदेश का,
परंपराओं और साधनों का
और अपनी मनोकामनाओं का।

वे जानते हैं जरूर
कबीर, तुलसी, रैदास, महामना
भारतेंदु, रत्नाकर, प्रेमचंद, प्रसाद और
संतों, साधकों, आचार्यों, की पीढ़ियों
एक से बढ़कर एक संगीतज्ञ, कलाकारों को,
और कभी-कभी घाट किनारे बैठकर
ताकना-झाँकना,
घंटों गंगा की लहरों में खो जाना,
वे जानते हैं बनारस की कुछ गलियों और गालियों को भी,
इसके बावजूद मुझे यह कहने में कोई हिचक नहीं होती कि
वे बनारस को कतई नहीं जानते हैं।

बनारस को जानते हैं वे
जो गंगा-वरुणा की बाँहों में बसते हैं
वे बनारस को कहते नहीं,
बनारस को रचते हैं—रुचते हैं,
बनारस की तंग गलियों में रहते हैं
पुश्त-दर-पुश्त से निकलकर घाटों के उजास में

सुबह-शाम खुली हवा में
साफा-पानी[1], दो-चार दंड-बैठक
टीका-चंदन, भजन-कीर्तन, ध्यान-आरती,
और भाँग-ठंडई, दूध-मलाई या फिर कोई मिठाई
हर हाल में खुशहाल बनारस,
बनारस को जानना इतना आसान नहीं है,
जितना छतरी के नीचे बैठकर
बीड़ी-सिगरेट पीना,
और प्रदूषण फैलाना।

गंगा की लहरों में डूबना-उतराना,
और तैरना छपक्के मारना-कलैया खाना,
लँगोट लपेटे छोटे-छोटे नंग-धड़ंग बच्चे,
चौखंभा और पक्के महाल के गच्चे,
मलइयो का स्वाद,
खाने का रस
जो जानता है, वही जानता है बनारस।

यह तो जानने वाले ही जानते हैं
अर्द्धचंद्राकार का मतलब,
जिनके मुँहलगा पान हो,
अपने से अधिक मेहमान का सम्मान हो,
अबे-तबे की मस्ती हो,
चुस्ती और फुर्ती हो
दुलकी चाल हो,
चिकोटीबाजी, पिंगलबाजी, हँसी-ठिठोली,
मूड में हो तो मुड़िया कर निकल जाना,
आपस में बात का कटउवल हो,
या फिर मान-मनउवत हो,
हर कहीं अव्वल होने का जिगरा जो पालता है,
बनारस को सही-सही वही जानता है।

ढाई घर की जलेबी, गरम-गरम जलेबा
और फूली-फूली लाल-लाल कचौड़ी,

खस्ता, घुंघनी, सूजी का हलवा,
जो खराई मारता है,
रबड़ी, घेवर और तिरंगी बर्फी
बुँदिया, बालूशाही,
चना-चबेना, लँगड़ा आम जो पहचानता है
जाना-सुना है जिसने कुंजगली की रँगरेली
देखी है रसभरी कचौड़ी गली
नगर वधुओं की हैसियत, बहिन-महतारी की अस्मत,
'नन्हकू' गुंडा का इतिहास
'आँसू' की कहानी
'साखी' की बानी, मानव का मर्म
काशिराज की गरिमा
हर-हर महादेव की महिमा
और जो हर तरह के धूर-पटास, औड़म-बौड़म,
मन-मिजाज वालों को रिझाता रहता है,
वह बनारस को जितना जानता है,
भला और कोई कैसे जान सकता है,
जो बनारस के रग-रग को नहीं जानता है?

आखिर क्यों कहा जाता है
मर्दों का शहर बनारस,
मुर्दों का शहर बनारस,
अड़ियों का शहर बनारस,
और पीढ़ियों का शहर बनारस?
और न जाने क्या-क्या?

सकल प्रार्थनाएँ एक हैं, भले हम अनेक हैं,
तंत्र-मंत्र के रहस्यों का।

---

1. नहाना-धोना।

अष्टभुजा शुक्ल

[1958]

यह बनारस है

सभ्यता का जल यहीं से जाता है
सभ्यता की राख यहीं आती है
लेकिन यहाँ से सभ्यता की कोई हवा नहीं बहती
न ही यहाँ सभ्यता की कोई हवा आती है
यह बनारस है

चाहे सारनाथ की ओर से आओ या लहरतारा की ओर से
वरुणा की ओर से आओ या गंगा की ओर से
इलाहाबाद की ओर से आओ या मुगलसराय की ओर से
डमरू वाले की सौगंध
यह बनारस यहीं और इसी तरह मिलेगा
ठगों से ठगड़ी में
संतों से सधुक्कड़ी में
लोहे से पानी में
अंग्रेजों से अंग्रेजी में
पंडितों से संस्कृत में
बौद्धों से पालि में
पंडों से पंडई और गुंडों से गुंडई में
और निवासियों से भोजपुरी में
बतियाता हुआ यह बहुभाषाभाषी बनारस है।

गुरु से संबोधन करके
किसी गाली पर ले जा कर पटकने वाले
बनारस में सब सबके गुरु हैं

रिक्शे वाला गुरु है
पान वाला गुरु है
पंडे, मल्लाह, मुल्ला, माली और डोम गुरु हैं

साईं गुरु है, कसाई गुरु है, भाई गुरु है
कामरेड गुरु हैं
शिष्य गुरु हैं और गुरु तो गुरु हैं ही
लेकिन गुरु के बारे में सबके अनुभव अलग-अलग हैं
किसी के लेखे गंगा ही गुरु है
किसी के लेखे ज्ञान ही गुरु है
किसी के लेखे स्त्री गुरु है
किसी के लिए सीढ़ी ही गुरु है
जबकि किसी के लिए ठेस ही गुरु है

बनारस कठिन परीक्षा लेता है
पहले तो बहुत मारता है
लेकिन उत्तीर्ण हो जाने पर दामाद बना लेता है
लेकिन दामाद के लिए भी एक चेतावनी टाँगे रहता है—
'पाँव पूजा है, सिर नहीं
हाथ में गंगाजल लेकर संकल्प करो
कभी नहीं या फिर नहीं'
बनारस में
बनारसी बाघ हैं
बनारसी माघ हैं
बनारसी घाघ हैं
बनारसी जगन्नाथ हैं
शैव हैं, वैष्णव हैं, सिद्ध हैं, बौद्ध, कबीरपंथी, नाथ हैं
जगह-जगह लगती हैं यहाँ लोक-अदालतें
कहने को तो कचहरी भी है बनारस में
लेकिन यहाँ सबकी गवाह गंगा
और न्यायाधीश विश्वनाथ हैं

धन से धर्म नहीं होता बनारस में,
धर्म से धन होता है
जब बनारसी देवी रोती है
तब बनारसी दास सोता है

किसी को जोगी, किसी को जती
किसी को मल्लाह, किसी को पंडा
किसी को कवि, किसी को भाँड़
किसी को भँगेड़ी-गँजेड़ी, किसी को साँड
बना देता है बनारस
शैलपुत्री, ब्रह्मचारिणी, चंद्रघंटा...सिद्धिदात्री आदि
नवदुर्गा, भैरव, संकटमोचन आदि
बज्रहृदय पत्थर के देवी-देवता खड़े हैं
ताकते हैं टुकुर-टुकुर
गंगा भी खड़ी है यहाँ
पानी की प्रतिमा बनी है बनारस में

बनारस में
फूल—बिकते हैं
मालाएँ—बिकती हैं
चंदन—बिकता है
प्रसाद—बिकता है
देह—बिकती है
साहित्य—बिकता है
सुख नहीं बिकता बनारस में
फिर भी सुख प्राप्त होता है

रात की कालिख धोकर सूर्य
प्रतिदिन बनारस के मुँह में चंदन लगा देता है
इस तरह बनारस
अपना अंडा अपने माथे पर सेता है
बनारस गलियों में जीता है
और घाटों पर मुक्ति लेता है
इस तरह विश्व को
जीवन की सीख देता है

बनारस में
मल्ल हैं, अखाड़े हैं, मठ हैं, आश्रम हैं
व्यायाम, प्राणायाम हैं

यहाँ सबका बदन गीला है
लेकिन जाने क्यों
हर आदमी थोड़ा-थोड़ा ढीला है
किसी बनारसी को परिचय-पत्र की जरूरत नहीं होती
लगता है समूचा बनारस
गंगा की केवल एक बूँद से बना है
मूल है गंगा, बनारस तना है

जो भी बनारस आता है
कोई सिर के बाल, कोई जेब, कोई मन, कोई तन
अर्थात् कुछ-न-कुछ खोकर आता है
और जब कोई यहाँ से जाता है
हरी झंडी की तरह
बनारस अपने दोनों हाथ हिलाता है।

दिनेश कुशवाहा

[1961]

बनारस

(आचार्य हजारीप्रसाद द्विवेदी की स्मृति को)

पहले पहल जब
लोहे-काठ और पत्थरों से मिलकर
मनुष्यों ने बनाए नगर
नदियों ने दी सभ्यताएँ
तभी सिंदूरी बिंदी की तरह
धरती के भाल पर उगा बनारस।

अगर गंगा न होती इसकी सहेली
अड़भंगी न होते इसके किरदार
तो औरों की तरह कब का
पत्थर हो गया होता बनारस।

थिब्ज, एथेंस, सिकंदरिया
कहीं भी नहीं हुआ ऐसा
कि लोहा हो जाए विश्वकर्मा
काठ हो जाए वासदेव और पत्थर महादेव।

अपने पुराने संगियों को आज भी
सीने से चिपकाए है बनारस।
फिर भी जानता है लोहे का स्वाद
काठ के कायदे
और पाहन की जाति
कि तनिक भी पेट में चला जाए नमक
तो पसीजता है बनारस।

दुनिया जब सिर्फ लॉलीपाप लिये खड़ी होगी
तो अपनी रबड़ी-मलाई के लिए
बहुत याद आएगा बनारस।

जैसे ठहाके, अट्टहास, खिलखिलाहट
दुनिया की सारी हँसियाँ जुटाई जाएँ एक साथ
तो अपनी हँसी में सबसे अलग होगा बनारस।

किसी शास्त्रवादी को देखकर
किसी बनारसी ने ही कहा होगा
काठ का उल्लू।

सावनी गंगा की तरह उठी होगी तरंग
जब किसी युवा संन्यासी मन में
तो उसने ही रोपा होगा पहली बार
काशी में तुलसी की जगह भाँग का बिरवा।

किसी बनारसी चित्रकार ने ही बनाया होगा
अपने नगर अधिपति महेश के बेटे गणेश का
लंबोदर चित्र।

आज भी पक्के महाल के गवाक्षों से
जब कोई अल्हड़ युवती
फेंकती है पान की पीक
तो मुझे अघोरी मठ नहीं
याद आता है इसका अतीत
कि बनारस की गलियों में घूमकर ही
शायरी में आया होगा 'कूच-ए-यार'

जिन गलियों में ठुमक-ठुमक चलकर सयानी हुई ठुमरी
जहाँ सुर्ती-सोपाड़ी कत्थे-चूने-पान ने
बनाया लाली रचे होंठों का वृत्तचित्र
वहीं अलापी नकबेसर दाल मंडी
'एहि ठैंया झुलनी हेरानी हो रामा'।

दुनिया के सबसे जीवंत नगर में
दुनिया का सबसे व्यस्त श्मशान
साँडों के शहर का कोतवाल श्वान
काशी की करवट और गंगबीच धार
ठगी का ठीहा और फक्कड़ व्यवहार
दानी के दोने और भीखमंगी थार
मुक्ति की गाय पर पंडा असवार
तिलक-रोली-चंदन का दैनिक व्यवहार भी
नहीं छिपा सका ललाट के दाग़
और कबीर की उलटबाँसी हो गया बनारस
लेकर भी अपने घाटों पर
काव्य और दर्शन का अद्‌भुत सम्मोहन।

निलय उपाध्याय

[1963]

बनारस

कितना बनारस बचा है बनारस में
कितनी गंगा बची है बनारस की गंगा में

मनेरी
उत्तर काशी टिहरी गढ़कोटेश्वर
ऋषिकेश और हरिदवार में वर्षों तक बँधे रहने
और बिजली निकल जाने के बाद जितना बचा है
पानी में गुण-धर्म गंगा का
उतना ही बचा है
इस देश में भारत

हरिद्वार में बँटवारे के बाद
हर की पौड़ी में पूजी गई...दिल्ली ले जाई गई
और बहती रही लोगों की प्यास से अधिक
शौच घरों में,
और जितनी बची गंगा
उतनी बची है दिल्ली में दिल्ली

गर्दन में रस्सी बाँध कर
अनेरिया गाय-सी हर आश्रम के
दरवाजे-दरवाजे चक्कर काटती जितनी बची गंगा,
बेरहमी से उलीचा गया खेत-खेत, जितनी बची गंगा,
जितनी बची
नरोरा के एटमिक प्लांट से निकलने के बाद
बस उतना ही बचा है अब उत्तर प्रदेश

जितनी बची है
जीवन में नैतिकता
बस उतनी ही बची है गंगा
उतना ही बचा है बनारस

कन्नौज में राम-गंगा और काली नदी
कानपुर के भोथरे छुरे की धार से चालीस नाले
लखनऊ की पांडु नदी
और कोढ़ में
खाज-सी दिल्ली की यमुना

यह मिथकों के टूटने का समय है
विचार विचारों को प्रदूषित कर रहे हैं
नगर नगरों को प्रदूषित कर रहे हैं
और नदियाँ
नदियों को

बाजार में जितनी हया बची है
जितना बचा है आँख में पानी
बस उतनी ही बची है
बनारस में गंगा
उतना ही बचा है बनारस में बनारस

2

पाट गंगा का
तट गंगा का
और ये घाट किसके हैं ?

ये अस्सी,
ये गंगामहल और रीवां,
ये तुलसी, भदैनी, जानकी
ये आनंदमयी, जैन, पँचकोट, प्रभु, चेतसिंह
ये अखाड़ा निरंजनी, निर्वाणी, शिवाला, गुलरिया, दंडी, हनुमान

ये मैसूर, हरिश्चंद्र लाली केदार-चौकी, क्षेमेश्वर
ये मानसरोवर, नारद, राजा, गंगा-महल, पांडेय-घाट, दिगपतिया
ये चौसट्टी, राणा-महल, दरभंगा, मुंशी
और अहिल्याबाई घाट किसके हैं

पानी गंगा का,
धार गंगा की
और ये घाट किसके हैं?

ये शीतला
ये प्रयाग, दशाश्वमेध, राजेंद्र प्रसाद
ये मानमंदिर, त्रिपुरा भैरवी, मीरघाट
ये ललिता, मणिकर्णिका, सिंधिया, संकठा
ये गंगामहल, भोंसले
और गणेश-घाट किसका है

बाट गंगा का,
हाट गंगा का
और ये घाट किसके हैं?

ये रामघाट
ये जटार, ग्वालियर, बालाजी
ये पँचगंगा, दुर्गा, ब्रह्मा, बूँदी परकोटा
ये लाल, गाय, बद्री नारायण
ये त्रिलोचन, नंदेश्वर, तेलिया-नाला
ये नया, प्रह्लाद, रानी, भैंसासुर
और राजघाट किसका है

राष्ट्रीय ध्वज है तिरंगा
राष्ट्रीय नदी है गंगा

राष्ट्रीय ध्वज झुके तो अपमान हो जाता है
सजा हो जाती है और गंगा जो राष्ट्रीय नदी है
हर घाट पर पानी पिलाती है

शौच और दातून कराती है,
स्नान कराती है
सबके कपड़े धोती है
जाती है साथ-साथ मंदिर भी
करा देती है कभी-कभी नौका-विहार भी

क्या कहें
किससे कहें
भाँग, बनारस का राजा है,
लस्सी बनारस की रानी है
गंगा तो बस नौकरानी है
यह मिथकों के टूटने का समय है

मोहन राणा

[1964]

बनारस

आज फिर हो गई ठंड
छिप गया वसंत गीली घास में
घाटों पर पंडितों के उच्चार
मल्लाहों की पुकार
पानी की धीमी आवाज,
श्रद्धालु हाथ ने छुआ घंटी को
दान-पात्र में छन्न से गिरी चवन्नी
बनारस में सुबह हो रही है
दिवंगतों का श्राद्ध
महाकाल के दर्शन
मुँदी आँखें बंद करती हैं
अपने सपनों को,
यहाँ जो आया वह
क्या कभी जाएगा
यहाँ से हो कर आगे
रास्ता सारनाथ को जाता है
या एक लंबी गली में
जहाँ नहीं भूला जा सकता मित्रों को
वे जीवित हो जाते हैं
अपनी कहानियों के साथ
उस गली से गुजरते

वहाँ नहीं पूछता समय कोई
घाट पर पंडित खोलता है
किसी की पुरा पोथी
जो घुल चुकी पानी में

हवा में आग में आकाश में
मिट्टी में!

कबूतरों की फड़फड़ाहट
एक गोल उड़ान के बाद लौट आती है वापिस अँधेरे झरोखे पर
जैसे झाड़ आई धूल, अंतराल में
हल्की-सी हरकत
उपस्थिति केवल भ्रम है।

श्रीप्रकाश शुक्ल

[1965]

बुढ़वा मंगल

गंगा पर तैरते बजड़े और बजड़े पर तैरते जन मानस के बीच
शहनाई की धुन व ठुमरी के बोल में मीर रुस्तम अली की याद का आना
असल में उन सभी बजड़ों की याद का आना है
जो कभी इसी गंगा पर तैरते रहे
होली, चैती और फगुआ के बीच

यह बहुत दूर से चल कर बड़का मंगल की जो आवाज आ रही है
उसी बुढ़वा मंगल की आवाज है
जहाँ एक गुदाज गंगा के भीतर से उभरता हुआ
नई पीढ़ी का उल्लास है
तो पुरानी पीढ़ी का हुनर

यह बुजुर्गों की जवानी का जोश है
जो बुजुर्ग होती लहरों के बीच
तैरने निकल पड़े थे एक शाम
गंगा के शांत जल में
जीवन रस का आनंद लेते

यहाँ एक लय है
जो प्रलय में भी बनी रहती है
जिसमें शिव व शव का भेद मिट जाता है
और नदी व नाव के बीच जुगलबंदी शुरू हो जाती है
रात जैसे-जैसे चढ़ती है
राग वैसे-वैसे बढ़ता है
और मंथर हवाओं के बीच
जब नदी अपनी नाव को हिलराती है, दुलराती है

तब संगीत के तार बजने लगते हैं
और बहुत दूर से साज की कसक सुनाई देने लगती है

फागुन से चैत में छलाँग लगाता यह बुढ़वा मंगल
सबका मंगल है
जिसमें दिल की उलझी हुई तरंगें खुल जाती हैं
और बढ़ोतरी की उम्मीद लिये
एक पूरा जीवन बज उठता है!

पक्का महाल में जेसीबी!!

पक्का महाल के इतने ऊँचे शिखर पर
जहाँ से शिव और गंगा दोनों की ओर ढाल है

ठीक उस जगह पर एक जेसीबी खड़ी है
जहाँ कभी नीलकंठेश्वर महादेव के घंटों की आवाज सुनाई पड़ती थी

यह जेसीबी किधर से आई
इससे अधिक बड़ी बात यह है कि यह क्यों लाई गई?

कुछ का कहना है कि यहाँ के लोगों ने खुद इसे बुलाया
जो खुद ही खुद की हवा, पानी व नमी से ऊब चुके थे
और खुद ब खुद यहाँ की गलियों से निकल कर
एक चौड़े मैदान में चहकना चाह रहे थे!

कुछ का कहना है कि यह एक सिरफिरे अधिकारी की समझ का परिणाम है
जिसको उतने ही बड़े सिरफिरे शासक का संरक्षण मिल गया
जिसको पोथियों से उतनी ही ताकतवर यह सनक मिली
कि इतिहास उन्हें ज्यादे याद करता है
जो नींव का निर्माण कम
शिखर का विध्वंस अधिक करते हैं!

कुछ इस बात पर बहस कर रहे थे
कि यह सब कुछ शिव की इच्छा का परिणाम है
जो अब अपनी गंगा को समेटना चाहते हैं
जिसे कभी आनंदकानन में जीवन प्रवाह के लिए छोड़ रखा था!

कुछ इसकी भी समीक्षा में लगे थे कि इसका काम उन घरों को हटाना है
जो मंदिरों के आसपास कुकुरमुत्ते की तरह उग आए थे
जिसे कभी कुछ लालची पुजारियों ने अकेले ही सजाया था!

चलते-चलते कुछ का यह भी कहना था कि यहाँ एक बिग बाजार होगा
जहाँ सब तरह की सामग्री सब प्रकार के दामों में उपलब्ध होगी
और पूजा की दिव्य सामग्री व शव पार्लर के साथ
एक भव्य पंडितालय भी होगा
जिसकी एक ढलान मंदिर की ओर होगी
तो दूसरी मणिकर्णिका की ओर!

बात जो भी हो
जैसी भी हो
सवाल फिर भी सवाल है
कि यह जेसीबी यहाँ क्यों आई
कि जिस सर्वोच्च शिखर पर शान के साथ यह खड़ी है—

खड़ी क्या बल्कि अड़ी है—

अपनी तमाम सभ्यतागत बहसों के बावजूद
न तो गंगा निहार पाएँगी अपने जटाधारी शिव को
और न शिव ही अपनी तन्वंगी गंगा को निरखने की स्थिति में हैं!

लीना मल्होत्रा राव

[1968]

बनारस में पिंडदान

घाट जब मंत्रों की भीनी मदिरा पीकर बेहोश हो जाते हैं
तब भी जागती रहती हैं घाट की सीढ़ियाँ
गंगा खामोश नावों में भर-भर कर लाती हैं पुरखे
बनारस की सौंधी सड़कों से गिरते पड़ते आते हैं पगलाए हुए पुत्र
पिंड के आटे में चुपचाप गूँथ देते हैं अपना अफसोस
अँजुरी भर उदासी जल में घोल नहला देते हैं पिता को
रोली-मोली से सज्जित कुपित पिता
नहीं कह पाते वे शिकायतें
जो इतनी सरल थीं कि उन्हें बेटों के अलावा
कोई भी समझ सकता था
और इस नासमझी पर बेटों को शहर से निकाल दिया जाना चाहिए था
किंतु जानते थे तब भी पिता बेटों के निर्वासन से शहर वीरान हो जाएँगे
भूखे पिता यात्रा पर निकलने से पहले खा लेते हैं
जौ और काले तिल बेटे के हाथ से
चूमकर विवश बेटे का हाथ एक बार फिर उतर जाते हैं
पिता घाट की सीढ़ियाँ
घाट की सीढ़ियाँ बेटियों-सी पढ़ लेती हैं
अनकहा इस बार भी
सघन हो उठती हैं रहस्यों से हवाएँ
और बनारस अबूझ पहेली की तरह डटा रहता है
डूबता है बहता नहीं...
शांति में
घंटियों में
मंत्रों में
शोर में
गंगा में

हरि मृदुल

[1969]

ताना-बाना

काशी में इक मिला जुलाहा
बोला : हमको जरा बताना
जो कमीज पहनी है तुमने
क्या उसमें नहीं ताना-बाना

बसंत त्रिपाठी

[1972]

बनारस कभी नहीं गया

हिंदी का ठेठ कवि
अपने जनेऊ या जनेऊनुमा संस्कार पर
हाथ फेरता हुआ
चौंकता है मेरी स्वीकारोक्ति पर
अय्...बनारस नहीं गए
नहीं गए, न सही
जरूरत आखिर क्या है
ऐसी स्वीकारोक्तियों की
इन्हीं बातों से कविता में
आरक्षण की प्रबल माँग उठ रही है
हुँह...दलित साहित्य...उसने मुँह बनाया

मैं बनारस कभी नहीं गया
लेकिन वह मुझे कविताओं में मिला
कर्मकांडी पिता की अतृप्त इच्छाओं में मिला
माँ क़मर के दर्द से परेशान हो
नींद में अक्सर चीख-चीख उठती है
बनारस...बनारस...

कबीर यहीं से कुढ़कर
मगहर की ओर निकल गए थे
उसे पंडों, लुटेरों, दलालों,
गंगा और मणिकर्णिका को सौंप

अभी कुछ दिन पहले की बात है
पटना जाते हुए रास्ते में

उसका रेलवे स्टेशन मिला था
बिलकुल सुबह साढ़े पाँच का वक्त
बनारस जाग रहा था
उसके ऊपर का कुहरीला आवरण
धीरे-धीरे खींच रहा था सूरज

स्टेशन की उस गहमागहमी में
मैंने एक अधेड़ को निर्लिप्त पेशाब करते देखा
यह जान रहिए
कि वह प्लेटफार्म पर खड़े होकर
पटरियों पर पेशाब नहीं कर रहा था
चलते-चलते सहसा रुका
और प्लेटफार्म पर पेशाब करने लगा

मुझे वह अजीब लगा
मुझे बनारस ही अजीब-सा लगा
गंदा, अराजक, अव्यवस्थित और दंभी
स्टेशन की खिड़की से मैंने बनारस को देखा
और मुझे दहशत हुई
इसलिए
मैं बनारस कभी नहीं गया।

राजुला शाह

[1974]

संसार के सिरे पर बनारस

बूँद की बड़ी-सी परछाईं
उस छाया में चिपके तिनके आरपार
लड़खड़ाता भूरा दरवाजा
रुक गया सिरे पर
भूरे तने वाले
बरसते छाते से
कुछ लोग
तन गए
यहाँ-वहाँ
लड़खड़ाते
उस दरवाजे के आस-पास
बूँद पर फिसले
सँभले छाया पर
और टिक गए
मन ही मन...

दिनों से मन में अनकही कई बातों का सुख था,
उलझन शब्दों के साथ थी
शब्द झूठे हो-न-हो, झूठे लगते

रेखाएँ, रंग, घिस्से और धब्बे भी कहते—पर वो जो कहते तय अर्थों में बँधा न होता
हाँ को ना भी समझ सकते और स्वप्न में दु:स्वप्न का आभास हो सकता
चूँकि वो 'कुछ' न होता जब तक आप उसे मान न लेते, ढूँढ़ न लेते उसमें कुछ
दरवाजा खिड़की समझ कर खोल देते और हवा की जगह हाथी चला आता
अनुभूति ये पकड़ से बाहर है,

नाम देने के लिए ही सही—एक अजब अधूरापन
जब रंगों के बीच बैठो, तो एक बेचैनी, जो लगता है बाहर निकलेगी,
पर निकलती नहीं, या निकल कर भी सुलझन नहीं बनती यूँ
अमूर्त भाव जो अमूर्त रूप ही लेता है
कभी छूता है, सुनाई देता है,
कभी कुछ दीख भी पड़ता है और
कभी पलट कर देखो तो छूट भी जाता है।
ढूँढ़ा नहीं जाता उसे, वो मिल जाता है
कभी रंगीन पानी से भरे कटोरे में हिलते तिनकों की छाया में,
कभी उजासी किसी रात में

अर्थ और तर्क से नहीं मिलता

वैसे भी नहीं मिलता।

जो छूटता है उसे छूट जाने दो
ढीला छोड़ो
भूलो भी
कुछ याद पड़ता है,
धुँधला होता-सा...पकड़ो...
ये तो पहले भी कभी घट चुका है
ठीक इसी तरह,
पहले भी कहीं
यहीं
नहीं
ये जो धुएँ के धागे-सा उड़ रहा है उसे पकड़ना मुश्किल है,
उसे तिरने दो

बनारस कब का पीछे छोड़ दिया
...बनारस लेकिन पीछा नहीं छोड़ता
रेल के सीखचों के पार भी बनारस ही दिखता आया है
साथ चल रहा है तभी से...
नीला अँधेरा,
रात की नदी में दीये-सा बनारस।

मंदिरों की गूँज निकट से दूर से
बनारस में डूबे, अपने में डूबे लोग
जीवन से भरे और उससे खाली
—एक साथ ही
बनारस में वही लोग हैं जो सदियाँ हुईं इस संसार में आए थे
जीवन से जुड़े, पीपल पात से—अब टूटा, तब टूटा,
...पर जुड़ा रहता

संसार से अनुरक्ति न सही, विरक्ति भी क्योंकर हो?
संसार से वैराग्य भी संसार में ही न हो?
भले ही संसार के सिरे पर
संसार के इस फैले झमेले के सिरे पर—बनारस
गंगा के किनारे-किनारे
बिना बीच के
ओर-छोर वाला एक शहर
जिससे सबके पास नदी है,
गति है
बनारस के लिए गंगा की गति काफी है
पैदल और रिक्शे को भी कहीं जाने की हड़बड़ी नहीं
प्रवाह तो है जीवन में—भगदड़ नहीं।
चारों तरफ इतना विराट रूप जीवन कि 'कहीं नहीं है मरना'

उन्होंने अवधूत को विष के लिए याद किया
वे चले आए,
नीलकंठ जो कहलाना था
किसी को ना न कर पाते
हर एक के लिए खुले, मुक्त-हस्त दाता, थोड़े में रीझते—आशुतोष
उनका शहर इससे अलग फिर क्या होगा?
जितना गहरा, उतना ही पारदर्शी।
सरल-सा गूढ़...कुछ
नीला अँधेरा।

दीवाली की रात में दीये-सा बनारस।
गाढ़े रंगों में यहाँ-वहाँ से झाँकता रोशन पीला,

पलक झपकते बनारस।
कहीं भी आते-जाते, डूबते-उतराते,
झपक में बनारस दिख कर बिला जाता है।
छूट गया है पीछे ओनों-कोनों में
जैसे आत्मीय कोई, जिससे दिनों दिन मिलना न हो,
पर इतमीनान कि बदल कर भी आखिर कितना बदलेगा आँवले का स्वाद!

विश्वास दिलाता शहर कि वह अपनी अद्‌भुत गति में स्थिर
बहता रहेगा, रहता रहेगा
वैसा ही मिलेगा, जब भी लौटना हो,
'भले ही बरस-दिन अनगिन युगों के बाद'

इतने गहरे धँसा बनारस कि सामने उभरते हर बिंब में झाँक जाता है।
रेल की खिड़की के पार,
कटोरे के गहरे गोल में,
समुद्र वाले शहर की रात में,
बंद दरवाजे के इस तरफ छतरियों के नीचे कहीं,
बूँद की छाया में,
सदियों से चिपके उस भूरे गीले पत्ते में,
सुख में, दु:ख में, और उसके आर-पार बिंधे जीवन में।
किसी भी भाव में, ठाँव में
बनारस के रंग, चहुँ ओर...
नीला अँधेरा, रात की नदी और दीये-सा! बनारस।

रंग रेखाएँ और घिस्से उसे जान-बूझ कर नहीं खींचते,
तिर आता है अपने-आप सतह पर—टुकड़ों में बनारस।
बूँद की विशाल छाया में हिलते तिनके
या सदियों से भीगा भूरा पत्ता?

बनारस से पहले भी था जीवन
बनारस के बाद भी है जीवन
बस बनारस साथ है।

स्थिर अचल की याद साथ है
सुख है गति में।

विमलेश त्रिपाठी

[1979]

बनारस में ठंड

वह दशाश्वमेध घाट की शाम थी
नदी ने धुएँ की चादर ओढ़ रखी थी
मणिकर्णिका घाट से लाशों के जलने की गंध आ रही थी
कोई एक सुबक रहा था बहुत धीमे
कोई एक गा रहा था—टूटती थीं स्वर लहरियाँ
मैंने एक बूढ़े के हाथ से ले ली थी चिलम
साँस भर खींच रहा था धुआँ
बाहर धुंध की लपटें थीं
मेरे फेफड़ों में भी धुंध पहुँच रही थी अबाध
वह दिसंबर महीने के आखिरी दिनों की शाम थी
और तुम थीं
हम एक दूसरे को गरम ऊन की तरह बुन रहे थे
फिलहाल शीतलहरी से बचने का
कोई तरीका हमारी समझ में नहीं था
एक चट्टान खिसक रही थी
उस पर गड़े त्रिशूल की नोक हल्की टेढ़ी हो रही थी
हिल रहा था बनारस धीमे-धीमे
उस ठंडे समय में भी प्रेम था
हमारी बेरोजगारी के सवाल थे
हमारी अजनबीयत के किस्से उड़-उड़ जा रहे थे हवा में
हम आश्वस्त नहीं थे कि हम प्रेम के कारण परेशान थे
या बेरोजगारी के कारण
कि अपनी अजनबीयत के कारण
हमारी बातों में एक लड़की का जिक्र जरूर था
जिसे हम दोनों प्रेम करते थे बेइंतिहा
एक देश का भी जिक्र था जरूर

जिसे हम दोनों जितना प्रेम करते थे उतना ही नफरत भी
प्रेम और नफरत की अलग-अलग परिभाषाएँ थीं
जिसे धुंध में हम बार-बार पकड़ने की कोशिश करते
और असफल होते
पीछे छूट जाते थे
तुम बहुत सुंदर लड़की नहीं थी
न मैं कोई सुंदर लड़का था
लेकिन उस शाम हमारे बीच का वह ठिठुरता समय
सचमुच बहुत सुंदर था।

व्योमेश शुक्ल

[1980]

लिखा गया माना जाए

गिरना तो पहाड़ से गिरना
बुद्ध की ऊँचाई से
खड़े खड़े मत गिर जाना एक दुनियादार गड्ढे में
वे लिपियाँ पढ़ने की कोशिश करना
जिन्हें पढ़ना हम भूल चुके हैं
वे लिपियाँ मत पढ़ना जिन्हें याद रखने का शाप मिला है
एक पुरानी भाषा में लिखना कहानी अपने निहायत नए जनपद की

जगह की बात ऐसे करना जैसे समय की बात कर रहे हो कि जैसे आदमी की बात कर रहे हो जैसे सभ्यता की कि जैसे देश की कि दुनिया की बात कर रहे हो

एक पत्थर उठाना सन् '67 के ढेर सारे पत्थरों में से
और चौधरी चरण सिंह की छात्र विरोधी सरकार
के माथे पर मार देना

फिर दौड़कर भागना और बीएचयू के भव्य खँडहरों में
जीते जी प्रेत बन के भटकना

कला बनाना
कला बचाना
घाट सीढ़ियाँ डंडे हैं
और संसोपा के झंडे हैं
लोहिया जी के अंडे हैं
मरे शहर के पंडे हैं
ध्वंस और निर्माण का

इक चक्र चलाना
भगवा की तुम बैंड बजाना
सब लोगों की भीड़ जुटाना
रैली करना

जो सरकार निकम्मी है
वो सरकार बदलनी है

लगे ऽ ऽ ऽ ऽ ऽ धक्का
गिरे ऽ ऽ ऽ ऽ ऽ पक्का

कमाने वाला खाएगा
लूटने वाला जाएगा

अंग्रेजी हमें हटानी है

हर जोर जुल्म की टक्कर में
संघर्ष हमारा नारा है

तुम्हारी दाढ़ी अनश्वर है
चश्मा अनश्वर है जो आँखों की बजाय माथे पर लगा रहता था
तुम्हारी टुटही स्कूटर अनश्वर है
तुम्हारे लिखे फीचर लेकिन गुम हो रहे हैं
तुम्हारी लिखी रपटें हमारी याद से भी गुम हो रही हैं
वे जहाँ छपी थीं वहाँ से गुम हो चुकी हैं
वे जहाँ छपी थीं वहाँ दरअसल छपी ही नहीं थीं
वे दरअसल कहीं नहीं छपी थीं
वे लिखी ही नहीं गई थीं तो छपतीं कहाँ से
तुमने उन्हें लिखा ही नहीं था
तुम थे ही नहीं तो लिखते कहाँ से
जैसे तुम अभी नहीं हो वैसे तुम तब भी नहीं थे
दरअसल तब कभी था ही नहीं
तब न तब था न अब है
तब भी अब था और अब भी अब

मसखरे नायकों की खिल्ली उड़ाते हैं
योद्धाओं की जगह भगोड़ों के चेहरे कॉपी पेस्ट कर दिए जाते हैं
एक अतिसरल और लद्धड़ कम्प्यूटर गेम हिट हो जाता है
जिसमें की-बोर्ड पर इंटर दबाते ही
आप बिन-लादेन के चेहरे को घूँसों से लहूलुहान कर देते हैं

दुनिया एक कंप्यूटर प्रोग्राम है
और सब कुछ इसके भीतर घटित हो रहा है
हम प्रोग्राम के भीतर का समाज हैं
हमारी आत्मा हमारे शरीर प्रोग्राम के भीतर रहते हैं
हमें प्रोग्राम के भीतर के सबसे बड़े दुश्मन से लड़ना है
और हम ज्यादा से ज्यादा उस सबसे बड़े दुश्मन को
प्रोग्राम के भीतर हरा सकते हैं
प्रोग्राम के भीतर—एक पेड़ उगा है
उस पेड़ पर एक चिड़िया चहचहाती है
एक पहाड़ है प्रोग्राम के भीतर का पहाड़
उस पहाड़ से बुद्ध काल के अवशेष ढूँढ़ते हुए गिरे सुशील त्रिपाठी
और प्रोग्राम के भीतर उनकी मृत्यु हो गई
उनकी मृत्यु के बाद के आँसू दरअसल प्रोग्राम के भीतर के आँसू हैं

और अब यह जो कुछ लिखा गया है
इसे भी प्रोग्राम के भीतर लिखा गया माना जाए

उपासना झा

[1985]

बनारस क्या शहर है बस

1

उगते सूर्य को अर्घ्य देकर ही
विदा होती है अरुंधति
कालभैरव की आरती करती है
अनवरत जलती चिताएँ
उसी शहर में
गंगा पार ठंडी रेत में
बैशाख के किसी अनमने दिन में
सूर्य के साथ उदित हुआ था प्रेम
तुम्हारे लिए हो सकता है
वह संकीर्ण गलियों वाला
गंदी सड़कों वाला शहर
भीड़भाड़ और ट्रैफिक जाम में फँसा हुआ
शहर जिसकी ठगी मशहूर है
उस शहर ने मुझे ऐसे ठग लिया था
कि सब तरफ हरा ही नजर आता था

2

जाने कितने व्याकुल दिन
हमने बिताए एक शहर में रहकर
एक-दूसरे को बिना देखे
जाने कितने असंख्य क्षण काटे गए
संग में बिना हँसे
तुम्हारा कंधा चूम लेने की हसरत
बनी रही एक प्यास

लेकिन 'चाहना भी चूमना ही है'
कहकर जिस तरह तुमने देखा था
आत्मा पर उसका स्पर्श अब भी है
बनारस वह आदिम इच्छा भी है
जिसने जला रखा है प्रेमियों को सृष्टि के आरंभ से

3

तुम कह सकते हो उसे
उम्र के उन बरसों की नादानी
या ये भी कि नदियों में भी होती है
समय की उठान
उन दिनों हर चीज नशा होती थी
हँसी में घुली रहती थी
गोदौलिया की भाँग और रथयात्रा की ठंडई
सिगरा चौराहे की चाय
लहुराबीर का समोसा
और कैंट पर खाए गए अमरूद
उचटी हुई नींद से उठने पर
गला सूख जाने से जो याद आए
बनारस वही कलेजे की फाँस है...

4

घाट-घाट का पानी पीकर
लहरतारा से जो लहर उठकर
चली गई है मंडुआडीह की तरफ
उसमें गुम हैं हजार मुस्कानें
कैद हैं जाने कितनी जवानियाँ, जिंदगानियाँ
बजरडीहा में धुन है धागों के रंगों की
उसी शहर में उठती है विदा की धूम
मणिकर्णिका के मरघट पर, अनवरत
उसी शहर से कुछ अलग हटकर
दिन-रात जपते हैं बौद्ध-भिक्षु

करुणा के मंत्र
उस शहर ने बना लिया है
मुझमें एक ऐसा प्राचीन शहर
जो युगों तक जीवित रहेगा

5

प्रेम की सब कविताओं में
उदासियाँ उसी तरह गुँथी हुई हैं
जैसे जब मैं सपनों की बात लिखना चाहूँ
तो लिख जाती हूँ भरी हुई आँखें
जैसे बरसात के मौसम में किसी भी क्षण
छलकने को तैयार रहती है गंगा
जब मैं लिखना चाहूँ तुम्हारे चेहरे पर
खुशी की खिलखिलाहट
कागज पर उतर जाता है तुम्हारे होंठों का चुप
बनारस वह धागा भी है
जिसने जोड़े रखा है तुम्हें मुझसे अब तक

6

उन दिनों जब तुम पूछते थे कि
प्यार की मात्रा और गहराई
और कभी-कभी उम्र भी
अस्सी घाट की सीढ़ियाँ, गंगा का तल
और बनारस
कितने माकूल जवाब लगते थे
और अब सोचती हूँ तो लगता है
अस्सी की कितनी सीढ़ियाँ डूब गईं
गंगा के कितने पाट सूख गए
बनारस कितना पुराना हो गया...

अनिमेष मुखर्जी

[1987]

बनारस

दो प्याली चाय
कुछ किस्से
और तुम्हारी हँसी चखकर
न जाने क्यों
असी की शाम
याद आती है
न तुम साकी
न मैं ग़ालिब
बस बातों-बातों में
ये जिंदगी
बनारस हो जाती है।

गार्गी मिश्र

[1988]

लिख रही हूँ इस देह की आखिरी इच्छा

जो मुझे चीन्हते हैं मेरी देह से, जो मुझे जानते हैं मेरे मुख से,
जो मुझे देखते हैं, मेरे देखने की वस्तुओं में
सुनें,
मेरी देह जहाँ भी पूरी हो
वह जिस भी बहाने से छुड़ा ले अपना हाथ जीवन से
जहाँ भी कर दें उसे मृत घोषित
आप आइएगा
कहिएगा मेरे सगे संबंधियों से
जितना भी समय लगे
जो भी यत्न करने पड़ें
विलाप में समय न गँवाएँ
मुझे बनारस ले आएँ
किसी को भेज कर मँगवा लें रजनीगंधा के फूल, सुंदर-सी वेणी बनाएँ
और मेरे बालों में लगा दें
पाव भर संकटमोचन के बेसन के लड्डू मँगवा लें किसी से और मेरे
मुँह का स्वाद मीठा कर दें
मेरे हृदय के पास मेरे माँ-पिता की तस्वीर रख दें
मेरे हाथ रँग दें पीले रंग के अबीर से
कहीं मिल जाए कोने-अँतरे होली के दिन लगाई जाने वाली मेरी पसंदीदा
गुलाबी टोपी तो कुछ तिरछी कर उसे सजा दें सिर पर
देखिए, यह सब करने के दौरान किसी को ध्यान से सुनार की दुकान
भेज कर सोने का एक पतला सा छल्ला मँगवा लें
और मेरे दाएँ हाथ की सबसे सुंदर उँगली में पहना दें
मेरे बिस्तर पर सिरहाने ही रखी होगी एक सफेद जिल्द वाली डायरी जिसे
मैं बचाती रही सबसे सुंदर कविताओं को लिखने के लिए

किसी बालक को ही दौड़ा कर उसे मँगवा लें
देखिए भूल न जाएँ
और मेरे बाएँ हाथ के पास उसे रख दें
जब शव को उठाने का समय आए
किसी से कह दें उस्ताद बिस्मिल्लाह ख़ाँ की शहनाई बजा दे कोई
राग यमन यह मेरा प्रिय राग है
मुझे तुरंत न निकालें द्वार से बाहर, मैं जानती हूँ विलंब हो रहा होगा पर
कुछ ही देर में उस्ताद बीच में रुक कर बरसात का कोई किस्सा सुनाएँगे
और हँस पड़ेंगे

हँसी तक प्रतीक्षा कर लें बस
और फिर उठ कर चल चलें

मुझे मणिकर्णिका से पहले अस्सी घाट ले जाएँ
मैंने बहुत सारा जीवन देखा है वहाँ
सुंदर, स्नेहिल, चुप्पियों और कोलाहल से भरा

मेरे भारी शरीर के लिए मैं क्षमा माँगती हूँ
मुझे मणिकर्णिका लिवा तो जाएँ
पर मुझे अग्नि को न सौंपें
मुझे गंगा में बहा दें

जीवन के रहते बहुत दग्ध हुआ मन,
स्वयं से पोंछे स्वयं के अश्रु
जीवन के रहते
मैंने नदी से बहुत प्रेम किया

उर्दू कवि

वली दकनी

[1667-1707]

कूचा-ए-यार ऐन कासी

कूचा-ए-यार ऐन कासी है
जोगी-ए-दिल वहाँ का बासी है
पी के बैराग की उदासी सूँ
दिल पे मेरे सदा उदासी है
ऐ सनम तुझ जबीं उपर ये ख़ाल
हिंदवी हर-द्वार बासी है
ज़ुल्फ़ तेरी है मौज जमुना की
तिल नज़िक उस के जियूँ सनासी है
घर तिरा है ये रश्क-ए-देवल-ए-चीं
उस में मुद्दत सूँ दिल उपासी है
ये सियह-ज़ुल्फ़ तुझ ज़नख़दाँ पर
नागनी ज्यूँ कुँवे पे प्यासी है
तास-ए-ख़ुर्शीद ग़र्क़ है जब सूँ
बर में तेरे लिबास-ए-तासी है
जिस की गुफ़्तार में नहीं है मज़ा
सुख़न उस का तआ'म बासी है
ऐ 'वली' जो लिबास तन पे रखा
आशिक़ाँ के नज़िक लिबासी है

शेख अली हज़ी*

[1734 में ईरान से बनारस आए]

* ईरान में राजनीतिक उथल-पुथल के बाद लगभग 300 साल पहले अल्लामा शेख अली हज़ी कई देश होते हुए भारत आए। भारत घूमने के बाद वे बनारस में बस गए। यहाँ आकर उन्होंने अवाम को तालीम देनी शुरू की। काशी नरेश ने भी अपने पुत्रों को उर्दू-फारसी की शिक्षा के लिए इनके पास भेजा। ईरान में सत्ता बदलने के बाद उनको घर वापसी का संकेत मिला, लेकिन उन्होंने ईरान जाने से मना कर दिया। बनारस में ही उनका इंतकाल हुआ। फातमान कब्रिस्तान में उनकी कब्र आज भी मौजूद है।

बनारस

अज बनारस न रवम माबदे आमअस्त इंजा।
हर बरहमन पेसरे लछमनो रामअस्त इंजा॥
परी रुख़ाने बनारस बसद करिश्मो रंग।
पये परस्तिशे महादेव चूं कुनंद आहंग॥
ब गंग गुस्ल कुनंद व बसंग पा मालंद।
जहे शराफते संग व जहे लताफते गंग॥

अर्थ— मैं बनारस से नहीं जाऊँगा, क्योंकि यह सबकी उपासना का स्थान है। यहाँ के ब्राह्मणों के बेटे राम और लक्ष्मण की तरह हैं। यहाँ परियों जैसी सुंदरियाँ सैकड़ों हाव-भाव के साथ महादेवजी की पूजा के लिए निकलती हैं। वे गंगा में स्नान करती हैं और पत्थर पर पैर घिसती हैं। क्या ही उस पत्थर की सज्जनता है और क्या ही गंगाजी की पवित्रता।

ग़ालिब

[1797-1869]

बनारस चश्मे-बद-दूर

त आलल्ला बनारस चश्मे-बद-दूर
बहिश्ते खुर्रमो फ़िरदौसे मामूर

(हे परमात्मा बनारस को बुरी दृष्टि से दूर रखना। क्योंकि यह आनंदमय स्वर्ग है। पूर्ण रूप से यह स्वर्ग है।)

इबादत ख़ानए नाकूसियां अस्त
हमाना काबए हिंदोस्तां अस्त

(यह घंटा बजानेवालों अर्थात् हिंदुओं की पूजा का स्थान है। अवश्य ही यह हिंदोस्तान का काबा है।)

बुतानशरा हयूला शोलए तूर
सरापा नूर, ऐज़द चश्म-बद-दूर

(यहाँ के बुतों अर्थात् मूर्तियों और बुतों अर्थात् सुंदरियों की आत्मा तूर के पर्वत की ज्योति के समान है। वे सिर से पाँव तक ईश्वर का प्रकाश हैं। इन पर कुदृष्टि न पड़े।)

मियां हा नाजुको दिल हा तुवाना
ज़े नादानी बकारे ख्वेश दाना

(इनकी कमर तो कोमल है किंतु हृदय बलवान है। यों इनमें सरलता है किंतु अपने काम में बहुत चतुर हैं।)

तबस्सुम बस कि दर दिल हा तिबी ईस्त
दहन हा रश्के गुलहाए रबी ईस्त

(इनकी मुस्कान ऐसी है कि हृदय पर जादू का काम करती है। और इनके मुखड़े इतने सुंदर हैं कि रबी अर्थात् चैत के गुलाब को भी लजाते हैं।)

ज़ अंगेज़े, क़द अंदाज़े खरामे
ब पाए गुलबुने गुस्तरद: दामे

(इनके शरीर की गति तथा आकर्षक कोमल चाल से ऐसा जान पड़ता है कि गुलाब के समान पाँवों से फूलों का जाल बिछा देती हैं।)

ज़ ताबे जलवए ख़्वेश आतिश अफरोज
बयाने बुतपरस्तो बरहमन सोज़

(अपनी ज्योति से, जो अग्नि के समान प्रज्वलित हैं, ये बुतपरस्त तथा बरहमन की बोलने की शक्ति भस्म कर देती हैं अर्थात् ये इनका सौंदर्य देखकर मूक हो जाते हैं।)

ब लुत्फ़े मौजे गौहर नर्म रू तर
ब नाज़ अज़ खूंने आशिक़ गर्म रू तर

(पानी में उनका विलास मोती की लहरों से भी नर्म अर्थात् कोमल जान पड़ता है। पानी में स्नान करने वाली जो अठखेलियाँ करती हैं उनसे जो पानो के छींटे उठते हैं उनकी ओर कवि का संकेत है। उनका नाज़ अर्थात् हास-विलास आशिक़ के खून से भी गर्म है।)

ब सामाने गुलिस्तां बर लबे गंग
ज़ ताबे रुख़ चिरागां बर लबे गंग

(गंगा के किनारे यह क्या आ गईं, एक उद्यान आ गया है। इनके मुख के प्रकाश से गंगा के किनारे दीपावली का दृश्य हो गया है।)

रसांद: अज़ अदाए शुस्त व शूए
ब हर मौजे नवेदे आबरूए

(उनके नहाने-धोने की अदा से प्रत्येक मौज को आबरू का आमंत्रण मिलता है। आबरू का श्लेष सुंदर है।)

क़यामत क़ामतां, मिज़गां-दराज़ां
ज़ मिज़गां बर सफ़े-दिल तीर: बाज़ां

(इन सुंदर डील-डौल वाली तथा बड़ी-बड़ी पलकों वाली सुंदरियों से क़यामत आती है। यह दिल की पंक्ति पर अपनी बड़ी बरौनियों से तोर चलाती हैं।)

ब मस्ती मौज रा फ़रमूद: आराम
ज़ नग़ज़े आब रा बख़्शिन्दा अंदाम

(अपनी मस्ती से इन्होंने गंगा की लहरों को शांत कर दिया है। अर्थात् इनकी मस्ती देखकर गंगा की लहरें शांत हो गई हैं। अपनी सुंदरता से इन्होंने पानी को स्थिर कर दिया है।)

फ़ताद: शौरिशे दर क़ालिबे आब
ज़ माही सद दिलश दर सीना बेताब

(पुन: पानी के शरीर के अंदर इन्होंने हलचल उत्पन्न कर दी और सीने में सैकड़ों दिल मछली के समान छटपटाने लगे।)

ज़ ताबे जलवा हा बेताब गश्त:
गोहर हा दर सदफ हा आब गश्त:

(अपने सौंदर्य की उष्णता से विकल होकर वह पानी में चली गईं और ऐसा जान पड़ता है जैसे सीप में मोती हों।)

ज़ बस अर्ज़े तमन्ना मी कुनद गंग
ज़ मौजे आबहा वा मी कुनद गंग

(गंगा भी अपने हृदय की अभिलाषा प्रकट करती हैं और अपनी पानी की लहरों को खोल देती हैं कि आओ इसमें स्नान करो।)

हातिम अली मेहर

[1815-1879]

पुतली की एवज़ हूँ बुत-ए-राना-ए-बनारस

पुतली की एवज़ हूँ बुत-ए-राना-ए-बनारस
अल्लाह फिर इन आँखों को दिखलाए बनारस

रोता हूँ बनारस के तसव्वुर में शब-ओ-रोज़
ऐ हिंदुओ देखो ये है दरिया-ए-बनारस

मेरी ये वसिय्यत से कि मर जाऊँ अगर मैं
तो बाद-ए-सबा ख़ाक को पहुँचाए बनारस

है का'बा-ए-मक़सूद फ़क़त कूचा-ए-दिल-दार
काफ़िर हूँ जो मुझ को हो तमन्ना-ए-बनारस

नाज़िम हो मोहम्मद का अगर लखनऊ जाऊँ
इस मुल्क में हूँ मादिलत-आरा-ए-बनारस

का'बे में दुआ माँगूँगा मैं अपने ख़ुदा से
यारब बुत-ए-काफ़िर मुझे बुलवाए बनारस

बंगल को रवाना हूँ रक़ीबान-ए-सियह-रू
मेरे लिए हो मस्कन-ओ-मावा-ए-बनारस

मैं ख़ुश हूँ तू आबाद रहे वर्ना इलाही
फिर पीपे से बारूत के ओढ़ जाए बनारस

जब से मुझे क़िस्मत ने बनारस से छुड़ाया
रहता है ज़बाँ पर मिरे बस हाए बनारस

इक गेसुओं वाले की मोहब्बत का पड़ा पेच
पहले तो न था मुझ को ये सौदा-ए-बनारस

ऐ 'मेहर' तवारुद हों जो मज़मूँ तो बजा है
मैं और 'हज़ीं' दोनों हैं शोहदा-ए-बनारस

वाज़िद अली शाह 'अख़्तर'

[1822-1887]

बनारस की मेहमान नवाज़ी

बनारस में आ कर रहे चौदह रोज़
वो राजा की कोठी में हम सीना सोज़
बहुत पेश आया आताअत के साथ
उतारा मुझे कोठी में हाथों हाथ
वो मसरुफ़े ख़ातिर हुआ इस कदर
फ़रिश्ता बना कहने को था बशर

(वाजिद अली शाह की मसनवी 'हुजन-ए-अख़्तर' से)

मोहसिन काकोरवी

[1837-1905]

सम्त-ए-काशी

सम्त-ए-काशी से चला जानिब-ए-मथुरा बादल
बर्क़ के काँधे पे लाती है सबा गंगा-जल
घर में अश्नान करें सर्व-क़दाँ गोकुल
जा के जमुना पे नहाना भी है इक तूल अमल
ख़बर उड़ती हुई आई है महा-बन में अभी
कि चले आते हैं तीर्थ को हवा पर बादल
तह-ओ-बाला किए देते हैं हवा के झोंके
बेड़े भादों के निकलते हैं भरे गंगा-जल
कभी डूबी कभी उछली मह-ए-नौ की कश्ती
बहर-ए-अख़्ज़र में तलातुम से पड़ी है हलचल

अकबर इलाहाबादी

[1846-1921]

बुताने-काशी

हुस्न देखो 'बुताने-काशी[1] का
चेहरा है चाँद पूर्नमाशी का

चश्मे तर[2] देख कर वह मिस बोली
महकमा है यह आबपाशी[3] का

आपकी मत्न[4] वाह सल्ले अला
सारा कितना है इन हवाशी[5] का

हो गया फेल इम्तहानों में
अब इरादा है बदमआशी का

---

1. काशी के बुत (सुंदरियाँ), 2. भीगी आँख, 3. सिंचाई, 4. लिखित सामग्री, 5. हाशियों

‘सफ़ी’ लखनवी

[1862-1950]

बनारस

अय बनारस हम सवादे[1]-सुरम:-ए-चश्मे-बुतां[2]
देख तेरा बुतकदा[3] है काब:-ए-हिंदोस्तां[4]

रू-ए-गंगा[5] जिस पे काशी ख़ुशनुमा[6] तामीर[7] है
ख़त्ते-क़ौसी[8] में सरे-जदबल[9] यही तहरीर[10] है
पुल हिलाले-ईद[11], गंगा साफ़ जू-ए-शीर[12] है
या बुतों के अबरु-ए-पैवस्ता[13] की तस्वीर[14] है

आसमां[15] था फ़िलाबाज़ी[16] में जो मशहूरे-जहां[17]
सरज़मीने-हुस्न[18] ने खेंची है ग़मज़े[19] की कमां[20]
अय हिसारे-आफ़ियत[21] की पुश्तबां[22] इस पुल की नेव[23]
सीना ताने, या है मस्ते-ख़्वाबे-राहत[24] कोई देव

पैकरे-काशी[25] पे है क्या ख़ुशनुमा[26] आड़ा जनेऊ
है कहीं 'हर हर' लबे-साहिल[27] कहीं पर शिव-शिव
है हिलाली ख़त[28] में आबादी बनारस की तमाम[29]
घाट मंदिर सब लबे-दरिया[30] बहुस्ने[31]-इंतिज़ाम[32]

नाव पर चढ़कर उन्हें देखो जो हैं नामी मुक़ाम[33]
माहरूओं[34] का मिलेगा हर जगह पर अज़दहाम[35]
सदक़े[36] इतनी गुलज़मीं[37] पर सौ गुलिस्तां की बहार[38]
आग पानी में लगाती है चराग़ां[39] की बहार

चश्मे-बद-दूर[40] उफ़ बनारस क्या ही बाँका शहर है
हर अदा[41] महवश[42] हसीनों[43] की यहाँ के क़हर[44] है

ग़ैरते-कश्मीर[45] में यह इंतिख़ाबे-दहर[46] है
हर गली कूचे में जारी[47] हुस्न[48] की इक नहर है

साफ़ हैं शफ़्फ़ाफ़[49] हैं कितने यहाँ के बुतकदे[50]
रहते हैं हरदम दुल्हन की तरह फूलों से लदे
वो धुँधलका[51] सुब्ह का, वो दूर तक गंगा के पाट
वो कगारों[52] से नुमायां[53] जा-बजा पानी की काट

वो परीज़ादों[54] के जमघट से परिस्तां[55] राजघाट
दिल बहल जाए तो इंसां[56] की तबीअत हो उचाट
उतरें पानी में गजरदम[57] रोज़ का मामूल[58] है
हर हसीं[59] नाज़ुक बदन[60] गोया कंवल का फूल है

---

1. काला, 2. सुंदरियों की आँखों का सुर्मा, 3. मंदिर, 4. हिंदुस्तान का काबा, 5. गंगा का किनारा, 6. सुंदर, 7. निर्मित, 8. चंद्राकार, 9. किनारे-किनारे, 10. लेखनी, 11. ईद का चाँद, 12. दूध की नहर, 13. बैठी हुई भँवें, 14. चित्र, 15. गगन, 16. उपद्रव करना, 17. जग-प्रसिद्ध, 18. सौंदर्य की धरती, 19. कटाक्ष, 20. धार, 21. कुशलता की चारदीवारी, 22. पीठ, 23. बुनियाद, 24. चैत की नींद में मस्त, 25. काशी का आकार, 26. सुंदर, 27. किनारे पर, 28. चंद्राकार, 29. सब, 30. नदी के किनारे, 31. सौंदर्य के साथ, 32. व्यवस्था, 33. प्रसिद्ध स्थान, 34. चंद्रमुखी, 35. समूह, 36. न्योछावर, 37. फूलों की धरती, 38. सैकड़ों उपवनों का वसंत, 39. दीपावली, 40. खुदा बुरी नजर से बचाए, 41. हावभाव, 42. चंद्रमुखी, 43. सुंदरी, 44. प्रलय, प्रकोप, 45. कश्मीर का आत्मसम्मान, 46. दुनिया में श्रेष्ठ, 47. प्रवाहित, 48. सौंदर्य, 49. स्वच्छ, 50. मंदिर, 51. झुटपुटा, 52. किनारा, 53. प्रकट, 54. अप्सराओं की संतान, सुंदरियाँ, 55. परियों का देश, 56. इंसान, मानव, 57. सुबह के समय, 58. नियम, 59. सुंदरी, 60. कोमलांगिनी।

अख़्तर शीरानी*

[1905-1948]

* असली नाम : मोहम्मद दाउद ख़ाँ, उपनाम : 'अख़्तर'

बनारस

हर इक को भाती है दिल से फ़ज़ा बनारस की
वो घाट और वो ठंडी हवा बनारस की

वो मंदिरों में पुजारियों का हुजूम
वो घंटियों की सदा वो फ़ज़ा बनारस की

तमाम हिंद में मशहूर है यहाँ की सहर
कुछ इस क़दर है सहर ख़ुशनुमा बनारस की

पुजारियों का नहाना वो घाट पर आ कर
वो सुब्ह-दम की फ़ज़ा दिल-कुशा बनारस की

वो कश्तियों का समाँ और वो सैर गंगा की
वो ठंडी ठंडी हवा जाँ-फ़ज़ा बनारस की

हमारे दिल से निकलती है ये दुआ 'अख़्तर'
कि फिर भी शक्ल दिखाए ख़ुदा बनारस की

वामिक जौनपुरी

[1909-1998]

बुढ़वा मंगल[1]

फ़तह-ओ-ज़फ़र[2] का शोर उठा
सद मरहबा-सद मरहबा[3]
मग़रिब[4] का ख़ूनी देवता
थक कर बिल आख़िर रह गया
सद मरहबा-सद मरहबा

भूले हुए दिन ऐश के
फिर सब को याद आने लगे
रंगीन नग़मे ज़ीस्त[5] के
फिर मिल के सब गाने लगे
इशरत[6] का सामाँ हो गया
ऊँचे महल जितने भी थे
सब में चिराग़ाँ हो गया

गंगा में भी मौज आ गई
ग़मगीं दिलों को भा गई
साहिल[7] पे बजरे लग गए
साज़े-तरब[8] बजने लगे
किस दरजा मरग़ूबो-हसीं[9]
रेती पे आतिशबाज़ियाँ
फुकने लगीं - छुटने लगीं
ये आगे-पीछे कश्तियाँ
सैरे-चराग़ाँ[10] को रवाँ
बजने लगीं शहनाइयाँ
लुटने लगीं रानाइयाँ[11]

सब-कुछ है लेकिन किसलिए
इस जश्न के सारे मज़े
बेक़ैफ़[12] लगते हैं मुझे
हर तारे-जाँ[13] बेताब है
और तिश्न-ए-मिज़राब[14] है
बादे-मुख़ालिफ़[15] चल गई
मसरूर[16] दिल को मिल गई
साहिल की जानिब इक नज़र
ओ कमनज़र ओ बेख़बर
ये इज्तमा[17] है बेकराँ[18]
ये ख़ल्क़ते[19] पीरो-जवाँ
भूके हैं या बीमार हैं
नंगे हैं या मुरदार हैं

लेकिन ये मनकनका[20] नहीं
क्या इस जगह गंगा नहीं
ये तो दसासुमेद[21] है
इसमें भी कोई भेद है
माँझी वहीं ले चल मुझे
सौगंध इस जल की तुझे
कश्ती मेरी अब मोड़ दे
ले जा के मुझको भी वहीं
उन सीढ़ियों पर छोड़ दे
बजने दे ये शहनाइयाँ
लुटने दे ये रानाइयाँ

ये मुतरिबा[22] ये रोशनी
ये क़ुमक़ुमों की चाँदनी
जब माँग तब मिल जाएगी
जब चाहें तब खिल जाएगी
बेड़ा किनारे देख कर
मेरे इशारे देख कर
मजमा ये क्यों फटने लगा
हर शख़्स क्यों हटने लगा

काई हैं क्या हैवान ये
भेड़ें हैं क्या इनसान ये
ढेला गिरा और फट गए
कोई बढ़ा और हट गए
ऐ हमदमे-देरीना[23] सुन
ऐ सीना-ए-बेकीना[24] सुन
तूने न पहचाना मुझे
क्या जाने क्या जाना मुझे
ये तेरा जिस्मे-नाज़नीं
मजबूर रह कर भी हसीं
है नीम[25] उरियाँ[26] किसलिए
मजबूरे-अश्या[27] किसलिए
नज़रों से मायूसी अयाँ[28]
चेहरे पे गुरबत के निशाँ
कासा[29] गदाई[30] का लिये
अफ़लास[31] का प्याला लिये
हल्के पड़े अबरू[32] तेरे
गट्ठे पड़े बाज़ू तेरे
क्या देखने को आए थे
क्या माँगने को आए थे
सहमे हुए सूखे हुए
क्यों लब तेरे ख़ामोश हैं
भूले हुए सिमटे हुए
नाले[33] कहाँ रूपोश[34] हैं

कुछ मेरी सुन या ख़ुद सुना
क्या सच भी कहना है बुरा
काशी की ऐसी दिलनशीं
कितनी मुक़द्दस[35] सरज़मीं
हुजरों[36] में जिसके कुर्रे निहाँ[37]

शेख़ो-बिरहमन जाँगुज़ाँ[38]
मस्जिद भी मंदिर भी यहाँ
ऊँचे ख़ुदाओं के मकाँ

सुनते थे लेकिन आज ही
ये भी हक़ीक़त देख ली
दक्खिन से उत्तर की तरफ़
बहती है गंगा भी यहीं

जब जश्न का ये वक़्त है
फिर जिंदगी क्यूँ सख़्त है
कहने की सारी बात है
इस रोशनी से कुछ नहीं
ये रात फिर भी रात है।
दरिया का पानी लाल है
फ़ितरत[39] का दिल पामाल[40] है

वो मुतरिबा वो क़ुमक़ुमे
गजरों से वो बजरे सजे
अस्सी को वापस हो गए
नंगे जो थे नंगे रहे
भूके जो थे भूके रहे
फूलों की चादर क्या करे
नग़मों से दोज़ख़ क्या भरे
फ़तहो-ज़फ़र का शोर उठा
सद मरहबा - सद मरहबा

---

1. एक पर्व, 2. विजय, 3. सौ शाबाशियाँ, 4. पश्चिम, 5. जीवन, 6. विलास, आनंद, 7. किनारा, 8. ख़ुशी के बाजे, 9. मोहक और सुंदर, 10. दीपावली की सैर, 11. सुंदरता, 12. अरुचिकर, 13. प्राणों का तार, 14. स्पर्श का प्यासा, 15. उलटी हवा, 16. प्रफुल्लता, 17. मजमा, भीड़, 18. बेकिनार, 19. जनसमूह, 20. मणिकर्णिका घाट, 21. दशाश्वमेध घाट, 22. राग, 23. पुराने दोस्त, 24. द्वेष-रहित हृदय, 25. आधा, 26. नंगा, 27. चीजों का मोहताज, 28. प्रकट, 29. कटोरा, 30. भिक्षावृत्ति, 31. अभाव, 32. भौंह, 33. चीत्कार, 34. मुँह छिपाए हुए, 35. पवित्र, 36. साधना का एकांत कक्ष, 37. चैन छुपा हुआ, 38. घोर कष्टदायक, 39. प्रकृति, 40. रौंदा हुआ।

नज़ीर बनारसी

[1909-1996]

मुक्तक

मैं बनारस का निवासी काशी नगरी का फ़क़ीर
हिंद का शायर हूँ शिव की राजधानी का सफ़ीर
लेके अपनी गोद में गंगा ने पाला है मुझे
नाम है मेरा नज़ीर और मेरी नगरी बेनज़ीर

गंगा का प्रदूषण

डरता हूँ रुक न जाए कविता की बहती धारा
मैली है जब से गंगा, मैला है मन हमारा

छाती पे आज उसकी कतवार तैरते हैं
राजा सगर के बेटो तुम सबको जिसने तारा

क़ब्ज़ा है आज इस पर भैंसों की गंदगी का
स्नान करने वालो जिस पर है हक़ तुम्हारा

श्रद्धाएँ चीख़ती हैं विश्वास रो रहा है
ख़तरे में पड़ गया है परलोक का सहारा

किस आईने में देखें मुँह अपना चाँद-तारे
गंगा का सारा जल हो जब गंदगी का मारा

इस पर भी इक नज़र कर, भारत की राजधानी
क़िस्मत समझ के जिसको राजाओं ने सँवारा

बूढ़े हैं हम तो जल्दी लग जाएँगे किनारे
सोचो तुम्हीं जवानो क्या फ़र्ज़ है तुम्हारा

कविता 'नज़ीर' की है तेरी ही देन गंगे
तेरी लहर लहर है उसकी विचारधारा

भिनसहरे

गरे में डारि के किरिनन के हार भिनसहरे
ऊ रोज आवै लैं गंगा के पार भिनसहरे

रहींला घाट प हम, सूर्य जब उदै होलैं
करींला एक नजर जा के चार भिनसहरे

परान देहलों प केहू खरीद नाहिं सकत
लगैला सुन्नरियन के बजार भिनसहरे

चमक-चमक के लहरिया उठैला गंगा में
ठुमक-ठुमक के चलेला बयार भिनसहरे

सरीर घाट प डोलेला नाव के नाईं
रहेला मौज में जियरा हमार भिनसहरे

अन्हरिया देखि के अँखियन से तोर उजियरिया
तोरे दुआरे पटकलस कपार भिनसहरे

सुरुज के ओट से निसदिन ई ताक-झाँक तोहर
घरे से हमके लियावेला यार भिनसहरे

तू ई बतावऽ कि रतिया कहाँ बितावेलऽ
देखाइ देला सुरतिया तहार भिनसहरे

जो सुनलीं ध्यान से, मनवा हमार झूमि गयल
लहर-लहर जे बजवलस सितार भिनसहरे

हिरदै से जे के लगल हौ उहै करी दरसन
सबै दुआर बनी हरिदुआर भिनसहरे

के जाई उनके जगावे बदे, ऊ खिसियालिन
तू काहे आके सतावेलऽ यार भिनसहरे

पात-पात प लिखलीं जे रात के पाती
किरिन के तार प भेजेला तार भिनसहरे

ई के के सुरुजनरायन दिखावेले ऐना
ई कौन रोज करेला सिंगार भिनसहरे

ऊ सरवा राते धतूरा मिला के देलस का?
भँवर के नाईं झुमवलस कपार भिनसहरे

हईं सुनले हमउँ कि रोज-रोज निपटे बदै
नज़ीर आवेले गंगा के पार भिनसहरे

बनारस की गली

हर गाम पे हुशियार बनारस की गली में
फ़ितने भी हैं बेदार बनारस की गली में

ऐसा भी है बाज़ार बनारस की गली में
बिक जाएँ ख़रीदार बनारस की गली में

हुशियारी से रहना नहीं आता जिन्हें इस पार
हो जाते हैं उस पार बनारस की गली में

सड़कों पे दिखाओगे अगर अपनी रईसी
लुट जाओगे सरकार, बनारस की गली में

दूकान पे रुकिएगा तो फिर आपके पीछे
लग जाएँगे दो-चार बनारस की गली में

हैरत का यह आलम है कि हर देखने वाला
है नक़्श ब दीवार बनारस की गली में

मिलता है निगाहों को सुकूँ हृदय को आराम
क्या प्रेम है क्या प्यार बनारस की गली में

हर संत के, साधू के, ऋषि और मुनि के
सपने हुए साकार बनारस की गली में

शंकर की जटाओं की तरह साया फ़िगन है
हर साया-ए-दीवार बनारस की गली में

गर स्वर्ग में जाना हो तो जी खोल के ख़रचो
मुक्ति का है व्योपार बनारस की गली में

रईस अमरोहवी
(सैयद मुहम्मद मेंहदी)

[1914-1988]

बनारस

काशी के जलवे[1] जलवे नहीं बस
क्या इनको समझें नाफ़हम[2]-ओ-नाकस[3]
क्या गुंचा[4] क्या गुल[5] क्या ख़ार[6] क्या ख़स[7]
शादाब-ओ[8]-रंगीं नौख़ेज़-ओ-नौरस[9]
सुब्हे - बनारस, सुब्हे - बनारस[10]

वो रोदे-गंगा[11] इक-नज़्मे-मौज़ूं[12]
आसूदा[13] जिससे दिलहा-ए-महज़ूं[14]
साहिल[15] की बंदिश[16] क्या ख़ूब मज़मूं[17]
वो शशजिहत[18] का खामोश[19] अफ़सूं[20]
शाइर का जैसे कोई मुसद्दस[21]

ख़ामोश-ओ-रख़्शां[22] पानी का मंज़र[23]
आबे-रवां[24] की फैली है चादर
सब्ज़े[25] पे शबनम पाकीज़ा[26] गौहर[27]
मख़मल पे जैसे मोती की झालर
बुर्राक़[28] रेती, शफ़्फ़ाश[29] अतलस[30]

सुब्हे-बनारस दिल का सहारा
गंगा का मंज़र[31] वो प्यारा प्यारा

सोने की लहरें, चाँदी का धारा
हो गर मुयस्सर[32] फिर वो नज़ारा[33]
उम्रे-गुज़श्ता[34] आ जाए वापस
सुब्हे - बनारस, सुब्हे - बनारस

---

1. दर्शन, 2. नासमझ, 3. नालायक, 4. कली, 5. फूल, 6. काँटा, 7. घास, 8. हरा-भरा और रंगीन, 9. नौजवान और नवपक्व, 10. बनारस की सुबह, 11. गंगा नदी, 12. संतुलित कविता, 13. संतुष्ट, 14. उदास, 15. किनारा, 16. बंध, 17. विषय, 18. छह दिशाएँ, (उत्तर, दक्षिण, पूरब, पश्चिम, आकाश, पाताल) 19. मौन, 20. जादू, 21. नज़्म, 22. मौन और चमकदार, 23. दृश्य, 24. प्रवाहित जल, 25. हरियाली, 26. पवित्र, 27. मोती, 28. उज्ज्वल, 29. स्वच्छ, 30. रेशमी कपड़ा, 31. दृश्य, 32. प्राप्त, 33. दृश्य, 34. गुज़री हुई उम्र।

कमर ज़मील

[1927-2000]

मेरी मोहब्बत चाहती है

मेरी मोहब्बत चाहती है मीनारे घर शिवालों के
कुछ बातें मक्के वालों की कुछ क़िस्से बनारस वालों के

मेरी तमन्ना सूरज बन के चमकती है गुलज़ारों पर
मेरी मोहब्बत साया बन के ठहरती है दिल-दारों पर

रौशनी मेरी बुलंदी बन के चमकी चाँद सितारों में
मैंने गुलाब की आँखें देखीं अपने घर की बहारों में

मेरे लिए त्यौहार की रातें अब भी दिए जलाती हैं
मेरे लिए हर देस की यादें अब भी नाचने आती हैं

रियाज़ लतीफ़

[1964]

बनारस

भटकती हुई वक़्त की आत्माएँ
तिरे घाट के पत्थरों की ज़बाँ से
युगों की सदाओं की सूरत उभर कर
घुली जा रही है बुझे पानियों में
तिरी साँस की शाह-राहों पर फूटी
वही तंग गलियाँ, वो गलियों में गलियाँ!
कि जैसे रगों का बुने जाल कोई
जहाँ लाख भटको, न कोई सफ़र हो
सफ़र फ़ासला है, सफ़र मरहला है
यहीं पर हयात और यहीं पर फ़ना है
इसी मरहले से इसी, फ़ासले से
इक इम्कान बन कर जो बहता है पानी
सभी अपनी अपनी क़दामत के आसार
धीरे से उस में बहाने लगे हैं
सभी अपनी फ़लक-बोस तन्हाई
तिरे उफ़ुक़ पर सजाने लगे हैं
कोई राग ख़ामोश गाने लगे हैं
मुक़द्दस बयाबान, जिसमों के मरकज़!
तिरी रूह के बे-कराँ सर्द, कोने में
सदियाँ ग़लाज़त किए जा रही हैं
बनारस तिरी सब मुजर्रद अदाएँ
हसीं मौत पा कर जिए जा रही हैं!

'रविश' बनारसी

बनारस

अय मिरे अच्छे बनारस, काब:-ए-अहले-हुनूद[1]
एक दुनिया के लिए तेरी ज़मीं[2] जा-ए-सुजूद[3]

तेरी गलियाँ जन्नते[4]-आदम की वो राहे-हसीं[5]
अप्सराएँ रात की जिस जा[6] झुकाती हैं जबीं[7]

ये मनाज़िर[8] ये मसाजिद[9], ये मुसलमां, ये हुनूद[10]
कारगह[11] में जिस तरह होते हैं रंगे-तार-ओ-पौद[12]

ये खुले बाजार, ये ऊँचे मकां, ये तेरे घाट
यह फ़ज़ा[13], यह सब्ज़ाज़ार[14], और यह हसीं[15] गंगा का घाट

तेरे क़दमों[16] पर तिरी गंगा की यह मौजे-रवां[17]
माहे-नौ[18] के पास जैसे आ गई हो कहकशां[19]

यह तुलू-ए-आफ़ताबे-सुब्ह[20], यह माहे-तमाम[21]
काश मेरे दिल से पूछे कोई लुत्फ़े-सुब्ह-ओ-शाम[22]

है हसीं[23] फूलों से नाज़ुक[24] जिनका जिस्मे-मरमरीं[25]
जिनके जल्वों[26] से है रौशन[27] सुब्हे-काशी[28] की जबीं[29]

जिनसे बुतख़ानों[30] की ज़ीनत[31], जिनसे काशी का सिंघार
दम-क़दम[32] से जिनके क़ायम[33] है बनारस की बहार[34]

यात्री कुल हिंद के इस ज्ञान के रस्ते में हैं
फूल सारे गुलिस्तां[35] के एक गुल-दस्ते में हैं

सादगी इंसान[36] की है देवता के रूप में
हर कंवल खिलता है दिल का मारिफ़त[37] की धूप में

अय वतन[38] तू हुस्ने[39]-ख़ुदआरा[40] से मालामाल[41] है
सगरेज़ा[42] भी तिरे दामन में गोया लाल[43] है

---

1. हिंदुओं का काबा, 2. धरती, 3. सज्दा करने की जगह, 4. स्वर्ग, 5. सुंदर मार्ग, 6. जगह, 7. ललाट, 8. दृश्य, 9. मस्जिदें, 10. हिंदू, 11. कारख़ाने, 12. ताने-बाने के रंग, 13. वातावरण, 14. हरे-भरे मैदान, 15. सुंदर, 16. चरणों, 17. प्रवाहित लहर, 18. नवचंद्र, 19. आकाशगंगा, 20. सुबह का सूर्योदय, 21. चौदहवीं का चाँद, पूरा चाँद, 22. सुबह-शाम का आनंद, 23. सुंदर, 24. कोमल, 25. संगमरमर जैसा शरीर, 26. दर्शन, 27. प्रकाशमान, 28. काशी का प्रात:काल, 29. ललाट, 30. मंदिर, 31. शोभा, 32. जान और चरण, 33. स्थिर, 34. बसंत, 35. उपवन, 36. मानव, 37. ब्रह्मज्ञान, 38. देश, 39. सौंदर्य, 40. खुद को सँवारने वाला, 41. संपन्न, 42. कप, 43. रत्न।

बांग्ला कवि

राजा जयनारायण घोषाल

[1751-1821]

बुढ़वा मंगल

मयूरपंखी घोड़दौड़ देखि कदाचित, कतक पाटोली मध्ये चाँदोया विहित।
ए' सकल नौका मध्ये करिया बिछाना, गागासि संगमें नौका लय सर्वजना।
एई मत नौका हय चारि पाँच शत, शकले भाटिया चले सहर पर्यंत।
पंच गंगा घाट यथा तत दूरे अंत

(गंगा में पटी हुई तीव्रगामी नौकाएँ, बजरे, डोंगिया, मयूरपंखी और घोड़दौड़ नावें दिखाई देती हैं। नौकाओं का चँदोवा तना होता है। लगभग चार-पाँच सौ नौकाएँ एक-दूसरे से बँधी रहती हैं। अस्सी से लेकर पंचगंगा घाट तक नावों का जाल बिछा रहता है।)

बड़-बड़ पाटलिते पंवरिया नाचे, भाउरा छोकरा भाड़ कत काचकाचे।
तबला सारंगी बांशी सेतार मुचंग, मंदरा रबाब वीणा तंबूरा मृदंग।

(नौकाओं पर तबला, सारंगी, सितार, वीणा आदि वाद्य बजते रहते थे, जिनके बीच भांड और नर्तकियाँ नाचती रहती थीं।)

शंख घोष

[1932-2021]

मणिकर्णिका

गंगा बहती है चतुर्दशी के अंधकार में
हमारी हल्की नौका का निःश्वास तिरता है उसके ऊपर
आभा आ लगती मणिकर्णिका के मुख पर!

ताक नहीं रहे हैं हम एक-दूसरे की ओर,
बस छू लेते हैं हाथों से तख्ता नौका का,
उछल कर बूँदें दो-एक जल की
भाल पर कर जाती तिलक-सा

जिसे देखा था दिन को चांडाल ने
और देख रहा है जिसको हमारा माँझी रात को
कोई फ़र्क़ नहीं है उनकी आँखों में

जल के ऊपर आ रहता उड़कर स्फुलिंग
मिली जा रही है हवा में भस्म!
रह-रह कर पानी से झाँकता है शिशुमार।

अब हम लेंगे मोड़ नौका को,
दक्षिण दिशा में, जाएँगे हरिश्चंद्र घाट की ओर,
दोनों ओर दीख-दीख पड़ता है कालू डोम का घर।

गंगा बही जा रही है चतुर्दशी के अंधकार में,
एक श्मशान से दूसरे श्मशान की
दूरी बीच,
हममें से ताक नहीं रहा है, कोई किसी का मुख!

(बांग्ला से अनुवाद : प्रयाग शुक्ल)

स्पेनिश कवि

होर्हे लुईस बोर्हेस

[1899-1986]

बनारस

कोई भ्रम, कोई तिलिस्म
जैसे आईने में उगता किसी उपवन का बिंब,
इन आँखों से अदेखा
एक शहर, शहर मेरे ख्वाबों का,
जो बाटता है फासलों को
रेशों से बटी रस्सी की मानिंद
और करता रहता है परिक्रमा
अपने ही दुर्गम भवनों की।

मंदिरों, कूड़े के पहाड़ों, चौक और कारागारों तक से
अँधेरे को खाक करती
चटकार धूप
चढ़ आती है दीवारों के ऊपर तक
और चमकती रहती है
पावन नदी के छल छल पानी में।

गहरी उसाँसें भरता शहर,
जो बिखेर देता है समूचे क्षितिज पर
सितारों का घना झुंड,
नींद और चहलकदमी से सनी
एक उनींदी सुबह में
रोशनी उसकी गलियों को
खोलती है
मानो खोलती हो अपनी बाँहें।

ठीक तभी उठता है सूर्य,
पूर्व में देखती चीजों के कपाट पर

डालता है अपने उजाले की दृष्टि।
मस्जिदों के शिखर से उठती अजान
हवा को गंभीर बनाती
करने लगती है जय-जयकार
एकांत के देवता की
अन्यान्य देवों के उस नगर में।

(और जबकि मैं खेल रहा हूँ
उसके अस्तित्व की ख़ालिश कल्पनाओं से,
वह शहर अब भी आबाद है
दुनिया के तयशुदा कोने में,
अपने निश्चित भूगोल के साथ
जिसमें मेरे सपनों की तरह भरे लोग हैं,
और हैं अस्पताल, बैरक और पीपल के छाँव वाली
सुस्त गलियाँ
और पोपले होंठों वाले लोग भी
जिनके दाँत हमेशा कठुआए रहते हैं)।

(अनुवाद—श्रीकांत दुबे)

ooo